JN059991

開かれた協働と
学びが
加速する
教室

河村茂雄

［編著］

図書文化

はじめに：
教育実践の理想を目指し，真の学級集団づくりに取り組む

企画の発端

　今回の出版は，拙著『学級集団づくりのゼロ段階』（図書文化）の提起を踏まえて，より歯ごたえのある学級集団づくりの叩き台を描けないかという構想からスタートしました。先の書籍では，目の前の実態に応じて取り組んでいくなかで，学校のあらゆる教育活動が最低限成立するようになるまでの，集団づくりの手順を提案しました。

　その点，本書では，自治的な集団を成立させるための手順の解説に重心をおきました。今般の教育改革のなかで，いっそう自治的な集団づくりの価値が高まっていると思うからです。

本書の背景にある問題意識

　これからの学校教育では，自律性と協働性を基盤とする資質・能力（コンピテンシー）の育成が，待ったなしです。インターネットやSNSの浸透で情報伝達がとても速くなっている変化の大きな社会では，先の予測が難しく，正解と言えるような唯一解や絶対解は，事前に誰もわかりません。このような社会を生きる人間には，複雑な現象から自分で問いを立て，その問いに対する妥当な解を見出し，その時々で誰かと協力しながら，正解となるように行動できることが求められるからです。

　そもそも，明確な正解があるのは学校のテストの世界です。テスト作成者が設定した正解を，児童生徒が当てていく仕組みで，事前に正解が決まっている世界です。ところが，決まった答えがある問題に取り組む学習活動だけでは，先述のような資質・能力は身に付きません。児童生徒自身が学習の主体となり，自らも知識や技術を更新し，他者と協働して生み出していける，「主体的・対話的で深い学び」（アクティブラーニング）となる学習活動を通して学力を形成していくことが，いっそう期待されるのです。

学習環境としての側面に注目する

「問いを立てる──妥当な解を見出す──正解となるように行動する」
プロセスで大事なのは，多様な人々と協働できることです。一人の力では
限界があるからです。この協働できる力自体も育成すべき資質・能力とし
て，学校教育でも計画的に育成していくことが切に求められます。

学校教育の理想的な姿として，児童生徒が，あらゆる教育活動（集団活
動）に主体的・協働的に参加するなかで，動機づけと自己評価を高めてい
き，真に社会に自立できる人間へと成長していくことが期待されています。
このプロセスの支援に関する教員の力量が，いま改めて問われているので
す。

協働的な学習の効果は，児童生徒同士の関わりが建設的な学び合いにな
っているかが大事です。関わり合いの成果を左右するのは，その場を構成
する集団の状態です。集団の状態とは，教室の人間関係と，ほぼ同義です。
児童生徒間のルール（規律）とリレーション（親しさ）の確立状況によって，
あらゆる学習・生活活動にプラスにもマイナスにも影響するのです。その
ため，学級集団づくりの取組みは，日本の学校教育の歴史とともにあるの
です。

安定度と活性度がともに高い集団への注目

今般の教育改革は，「主体的・対話的で深い学び」の視点による授業改
善を経て，学力の非認知的能力の側面や協働的な学びが注目されています。
よりオープンでフラットな対話を介して，児童生徒個々の学びが活性化さ
れていくような教育モデルです。

そこでは，一見，学級集団づくりにも大きな転換を迫るように見えます。
このことはそうである点とそうでない点を含みます。確かに，従来は，知
識や技能の伝達を，教員の一斉指導で効率よく展開できる（安定度が高い）
状態が目指され，これからは，安定度があり，かつ，児童生徒の多様性を
前提に，相互に積極的に協働しあえる（活性度が高い）状態が目指される
という認識で，おおむね相違ありません。

しかし，昔も今も優れた教員は，様々な学習状況にある児童生徒と向き

3

合い，協働学習をあの手この手で活性化しながら，個々の学びを深めていました。「児童生徒たちの自治のある学級集団づくり」に取り組んでいる教員たちは，実は，昭和・平成の時代から，安定度と活性度が両立して高い学級集団づくりを，目指していたと思います。そして，担任個々の実践が，協働性の高い組織によって支えられることで，理想の集団づくりに迫ることができていたと思います。

　集団づくりの骨子（ルールとリレーション）が変わらなくても，集団づくりが難しいことには変わりません。そこで本書は，自律性と協働性を基盤とする資質・能力の育成のために，安定度と活性度が両立して高い学級集団を目指すべきゴールに設定して，どのように学級集団づくりをしていくかを，順序立てて説明したいと思います。この集団づくりはハイレベルですが，挑戦する価値があります。

　この私の思いを活性化してくれたのは，本書で執筆をしている早稲田大学大学院博士課程の院生たちです。彼らの多くは元小・中・高校の教員で，忙しいなかでも教育への理想を目指して博士課程に学び，実践と理論を往還させて，実践研究に取り組んでいます。今回，このメンバーたちとの協働学習を通して，本書は誕生しました。

　学校教育が激動する時期にも，学級集団づくりの理想に向かって取り組む仲間たちに，活用していただければ幸いです。

2022年　弥生
　コロナ禍，ウクライナへのロシア侵攻など激動の社会情勢の中でも，
　いつもの通り，一足先に開花した早大南門の桜を見つめながら

　　　　　　　　　　　　早稲田大学教育・総合科学学術院教授
　　　　　　　　　　　博士（心理学）　河村茂雄

4

目　次

序　章. 集団に生起する学びのしくみ

〈1〉育てたい力と学級集団の関係性

〈2〉本書で提起したいこと

第1章. すべての児童生徒の「深い学び」のつくりかた

〈1〉学習環境となる集団づくり

第2章　フラクタルな連携が「真の自治的集団」を実現する

〈1〉みんなが動き出すためのシステム

〈2〉教員の成長とセルフマネジメント

本書の言葉の操作的定義

　本書では，「自律性」「自立性」「主体性」「自発性」「自主性」「積極性」「能動性」を以下のように定義する。各言葉の対義語を考えるとその違いが見えてくる。

　これからの学力を育成する基盤は，「自律性」と「協働性」である。

自律性　⇔　他律性
・他からの支配や強制，助力を受けることなく，<u>自分の立てた規範によって自分に関する行動を決められる性質</u>
・自分の規範は社会化を受けながら自分で構築していく

自立性　⇔　依存性
・他人の助力や支配などによらず，自分の能力や判断でものごとを行える性質
・<u>他からの援助を受けずに生活できる</u>というという面が強い　社会的自立　経済的自立
・自律は自分が立てた規範に従って行動するという面が強いが，自立にはそうした面は弱い

主体性　⇔　受動性
・自分の意志や判断で行動しようとする態度，性質
・主体性は，<u>やるべきことが決まっていないときでも</u>，自分で目標や目的を設定し，判断・行動するという，自律的動機で行動する面が強い

自発性　　対義語はない（←強制的）
・他の誰かからの影響や教えなどによらず，ものごとを自分から進んで行おうとする性質
・内発的な動機で行動する，「やりたいことをやる」という意味合いが強い

自主性　⇔　受動性
・他人に頼らず自分の力で考えたり，行動したりすることのできる性質
・<u>やるべきことが決まっている場合に</u>，他人の指導や指令によらず，自分の判断でそれをこなす側面が強い　「人に言われる前に，やるべきことを自分でやる」といったイメージ

積極性　⇔　消極性
・ものごとに対し自分から進んで関与する，ある程度以上の意欲や関心をもって取り組める性質
・行動の動機が外発的か内発的かを問わない

能動性　⇔　受動性
・能動性は，自分から相手に働きかける等して行動を起こす気質
・自己の作用を他に及ぼす面が強い

序 章

||||||||||||||||||||||||||||||||||||||||||||||||||||||||||||||||||||||||||||

集団に生起する学び
のしくみ

1 生きる力の基盤となる「自ら学ぶ力」

社会で生きていく力の基盤は「自ら学ぶ力」である

　児童生徒が社会に自立して生きるようになるまでには，長い年月がかかります。そこでまず，自ら学ぶ力を高め，自律的に学習できるようになることが必要です（文部科学省，2003）。

　自律的に学習するとは，自らが抱く人生の目標と，そこに至る一つ一つの学びの目標の達成を目指して，自らを律しつつ，強い意志のもと，自分なりの学び方で学び続けることです。「主体的・対話的で深い学び」の授業改善も，自律的に学習できる力を育成することが目的です。

心理学では「自己調整学習」を行う力のこと

　自己調整学習とは，学習者が，学習過程に，「動機づけ」「学習方略」「メタ認知」を取り入れ，行動に積極的に関与する学習です（Zimmerman，1989）。この３つの要素をトータルに身に付け，適切に活用できるのが自律的な学習者であり，その育成がこれからの教育の中心になるのです。３つの要素を解説します（Zimmerman，1989）。

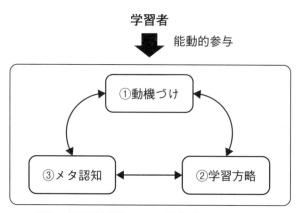

図1　自己調整学習の３つの要素（河村，2017a）

① 動機づけ——自己調整学習の３つの要素

　動機づけとは，人に行動を起こさせ，目標に向かわせる心理的過程です。

　自律的な学習者は，自分なりの規範や基準（価値観）をもち，自分の意志により行動を統制し，自分の行動を正しく向かわせます。特に，自律的な動機づけをもって，自己決定できることが大事です（Deci ら，2000）。自律的な動機づけをもって自己決定できるまでには，数段階のモデルがあります。5)に近づくほど学習者として理想的です。

1) 外的調整……「〇〇に叱られたくないから」という外的な強制力によって「やらされている」状態

2) 取り入れ的調整……「友人に負けてばかにされたくないから」といった不安や恥から，自己価値を守ろうとする義務感・不安感などの内的な強制力によって取り組む状態

3) 同一的調整……「将来の成功につながるから」という行動の価値を十分に理解し，個人的な重要性を感じて自発的に取り組む状態

4) 統合的調整……「勉強すること自体が面白いから」という課題と，自分のなかの価値観が統合されて自然と取り組める状態

5) 内発的動機づけ：内発的調整……外的には動機づけられておらず，自由選択で，「やりたいからやる」といった内なる欲求に基づいている状態

　3)〜5)の段階で行動できるように，まず3)の行動の価値・意義を理解させることが求められるのです。

② 学習方略——自己調整学習の３つの要素

　学習方略とは，学習方法のことです。

　自律的な学習者は，自分の特性や状況に合った，学習内容にふさわしい学習方略を選択し，学習を効果的に進めることができます。自分で自分の「認知過程」「学習行動」「学習環境」を調整できるのです。

1)「認知過程」に関する学習方略は，理解が進むように図表にしてまとめたり，既知の知識を関連付けたりして記憶したり考えたりする認知面と，自分のがんばりに自分なりのご褒美を用意しておき，やる気を喚起するなどの感情面があります

2)「学習行動」に関する学習方略は，音読する，繰り返し紙に書いて記憶する，友人と問題を出し合って応用の仕方を身に付けるなどがあります

3)「学習環境」に関する学習方略は，学習する前に机の上を整理する，参考にできる参考書を事前に用意しておくなど，自ら学ぶ環境をつくることです

　いろいろな学習方略をまず理解させ，各方略の特性と長所・短所を押さえ，そこから適切な学習方略を選択できるようにするのです。

③　メタ認知──自己調整学習の３つの要素

　メタ認知とは，自分の考えていることや行動していることそのものを対象として，客観的に把握し認識することです。自分が何かを覚えたり考えたりしていること（認知）を自ら自覚し，第三者の視点で俯瞰して捉えること，そのための知識と，その知識を用いて適切に調整することです。

　メタ認知が活用される学習場面は，「学習計画の立案」（予見の段階）──「学習活動の遂行状況」（遂行の段階）──「学習活動の評価」（自己省察の段階）のサイクルで，各段階の行動を振り返り，知識をより効果的に活用して，現状の改善につなげられるようにするのです。

　最初は，振り返りは教員と一緒に行い，振り返り方を身に付けさせ，徐々に一人でできるようにするのです。

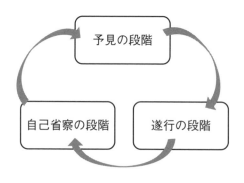

図2　予見−遂行−自己省察のサイクル（河村，2017a）

「動機づけ」「学習方略」「メタ認知」は相互に影響を与え合っており，どれか一つでも機能しないと，ほかの要素もマイナスの影響を受けてしまいます（図1，p.10）。例えば，望ましい「動機づけ」がなされないと適切な「学習方略」を選択しようとしない，自分の学習活動に「メタ認知」の機能を適切に活用していないと不適切な「学習方略」をとるようになり，学習の成果が出ず，「動機づけ」も不適切なものになってしまう，という具合です。

教員は学習活動のなかで，児童生徒に，自己調整学習の要素「動機づけ」「学習方略」「メタ認知」の力を身に付けさせることが求められるのです。

適切なモデリングの仕方を身に付けさせる

児童生徒は，他者の行動を真似したり観察したりすることによっても学習します。これをモデリングと言い，モデリングによって成立する学習を観察学習と言います（Bandura，1977）。

観察学習は，「注意」「保持」「産出」「動機づけ」という4つの過程からなります。それぞれのやり方を身に付けさせることが，自律的な学習ができる力の基盤になるのです。4つの過程は次の通りです。

1)「注意」……モデル（観察対象となる人）の行動に目を向ける。どのモデル，どの特徴に，注目するかを身に付けさせる

2)「保持」……モデルに関する情報を記憶に貯蔵しておく。モデルの行動を模倣（リハーサル）して行動の正確性や遂行率を高めさせる

3)「産出」……観察したモデルの行動を自身の行動に移す。モデルがやってみせた行動だけではなく，モデルの考え方や行動理念などの内面も行動に移行できるようにする

4)「動機づけ」……観察した行動を実行するための動機づけ。観察学習によって，「モデルが学習できる（行動できる）のなら自分も同じようにできる」と自信をもたせ，自ら行動するように動機づけをもたせる

まず，教員がモデルとなり，児童生徒に手本を見せ，かつ，4つの過程を説明して理解させることが第一歩になります。

深い学びとはどのようなものか

　学びには「深い学び」と「浅い学び」があります。浅い学びとは，簡単に言うと，個々の知識がバラバラに記憶，習得されるような学びです。深い学びは，浅い学びの逆です。

　具体的な問題状況は，個々の知識があるだけでは解決できません。打撃練習だけ，守備練習だけ，キャッチボールだけを単体でやっていても，野球の試合には勝てないのと同じです。練習試合も定期的にやって，各技能を関連付けていかなければ，トータルな能力にはならないのです。

　ある問題場面には，どのような要因があり，どのような知識が適用可能なのか，適用条件は何で，既成の知識をどのようにアレンジして用いるのか等まで理解していなければ，問題解決につながりません。練習試合のように，総合的な学習活動が必要になるのです。

　つまり，深い学びは，総合的な学習活動を通して，「各教科の特質に応じた『見方・考え方』を踏まえて」「知識を相互に関連づけてより深く理解し」「情報を収集・分析して考えを形成し」「問題を見出して解決策を考え」「思いや考えを基に創造する」などを繰り返しながら実現されていきます。ちなみに，「見方」とは，対象をどのように捉えるかといった視点であり，「考え方」とは，対象にどのように迫るかといったアプローチの仕方です。

探究学習は一つの展開例

　深い学びと関係が深い教育課程に，小，中学校の「総合的な学習の時間」，高等学校の「総合的な探究の時間」などの科目があります。

　探究的な学習では，「児童生徒自らが課題を設定」し，「解決に向けて情報を収集・整理・分析」したり，「周囲の人と意見交換・協働」したりしながら，「まとめ・表現」して進めていきます。この過程を繰り返しながら，自らの課題や考えを更新し，連続発展させていくことを目指します。

学びが深まっていくイメージ

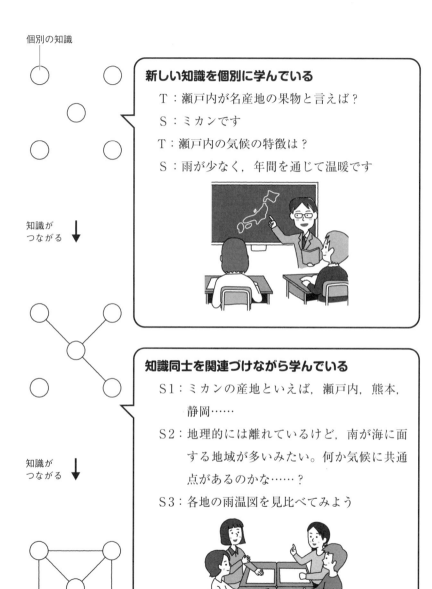

個別の知識

新しい知識を個別に学んでいる

　T：瀬戸内が名産地の果物と言えば？

　S：ミカンです

　T：瀬戸内の気候の特徴は？

　S：雨が少なく，年間を通じて温暖です

知識が
つながる

知識同士を関連づけながら学んでいる

　S1：ミカンの産地といえば，瀬戸内，熊本，
　　　静岡……

　S2：地理的には離れているけど，南が海に面
　　　する地域が多いみたい。何か気候に共通
　　　点があるのかな……？

　S3：各地の雨温図を見比べてみよう

知識が
つながる

ただし，深い学びは，探究的な学習の時間だけで行われるものでもありません。最近は，学校教育の様々な場面で，深い学びとなるような授業・学習のあり方が求められています。ひたすら棒暗記を繰り返すだけのような展開は，学習活動と言えないのです。

深い学びは，対話的な学び・集団の学びが前提となる

　授業や学習改善を通して深い学びを目指すことは，多様な背景をもつ人々と協働できる資質・能力の育成にもつながります。協働とは，「様々な主体が，主体的，自発的に，共通の活動領域において，相互の立場や特性を認識・尊重しながら，共通の目的を達成するために協力すること」です。

　個人的に深い理解や思考が得られても，理解や考えを自分の言葉で他者に伝えられない，異なる他者の思いや思考を思いやれるような対話ができないということでは，学校卒業後の社会で，生きて活用できるような力にはならないのです。

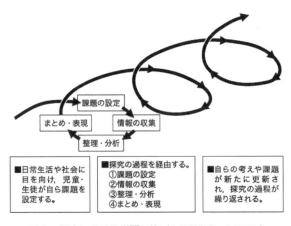

図3　探究における学習の姿（文部科学省，2021b）

「学習者主体」の議論で見落とされがちな視点
——アクティブ・ラーニングのゼロ段階

アクティブラーニングの実践には，児童生徒個々や集団の状態に応じた最適解があります（河村，2017b）。ひとくちに学習者主体の授業といっても，その最適な様態は，教室の実態によって様々に想定されます。

ルールとリレーションの確立が低い集団では，教員主導型の学習活動・学習形態を効果的に取り入れることが有効です。集団が自治的な方向に育つにつれて，授業・学習の構成と展開をより自由度の高いものに変化させていきます。このことは，管理か自由かという二項対立的な指導とはまったく異なります（p.44参照）。活動を通して，児童生徒個々の動機付けが高まっていくことがポイントなのです（p.26の図4参照）。

教員の力量が問われるのは，適切なアセスメントに基づく，構成と展開の調整です。本書のp.106～も参考にしてください。

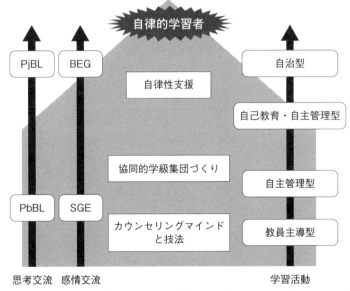

児童生徒と学級集団の状態に応じた構成スキルの活用の目安（河村，2019）

3 よい授業・理想的な学びのイメージ

なぜアクティブラーニングなのか

　これまでの教育は，社会で必要となる知識や技能を，児童生徒に理解させ記憶させる学習活動が中心でした。効率的な知識の伝達を目的として，教員が児童生徒（学級集団）に対して，一方向的な講義（知識伝達型の授業）を展開することも多かったのです。それに対して，最近は，予測不能な社会を生きるための資質・能力を獲得させることが重視されるので，アクティブラーニング型の学習活動が求められています。

　アクティブラーニングとは，受動的な学習を乗り越える意味での，あらゆる能動的な学習のことです（溝上，2014）。最近は，より能動的に，状況や他者とのかかわりのなかで，新たな知識や技能・情報を活用できるように獲得し，自分の考えを再構成して深めていくような視点での，授業・学習の改善が求められています。学習指導要領でも，「主体的・対話的で深い学び」という，アクティブラーニングの考え方に根ざした授業改革が求められています。

学習観も変わった

　授業改革の背景には，社会の変革とともに，教育現場の学習観が変わってきたこともあります。

　古くからの学習観は，知識はそれ自体で完結した自己充足的なもので，活動をとりまく状況からは切り離されて考えられてきました。児童生徒は「受動的に知識を授けられる存在」で，授業の主体は教員で，児童生徒に行動変容が起こるまで，特定の知識（刺激）を何度も繰り返して身に付けさせる（反応）という行動主義的なものが中心でした。

　最近の学習観は，人と人とのかかわりのなかで，それぞれの児童生徒が自らの考えをもち，「言語」を道具的に用いて，「対話」をしながら学習を進める協働（協同）的な活動を行うことによって，他者と相互作用を行い，その過程を通して知識が構成（再構成）されていくと考える（Gergen，

それぞれの学力観に基づく授業・学習のイメージ

「伝統的な学力観」に基づくイメージ：

教わったことを定着するまで反復するような授業・学習が中心

展開例：

(1) 授業では先生の話を静かに聞く

(2) 予習復習を中心に家庭学習を行い，各自で学びを深める

(3) 　通知表や定期考査で，学習成果や今後の課題を確認する

「新しい学力観」に基づくイメージ：

他者の考えや疑問を取り入れながら学ぶ授業・学習にも積極的に取り組む

展開例：

(1) 　学習の始めに学習目標や学習課題のレクチャーを受ける

(2) 疑問や気づきをその都度級友と交流しながら学びを深める

(3) 節目毎に成果や課題を確認し，今後の学習改善につなげる

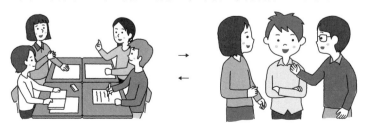

1994），社会構成主義的な学習観が主流です。児童生徒は「自律的で能動的な存在」と考えられ，ほかの児童生徒との協働学習における積極的な相互作用が重視されます。教員は，児童生徒の協働学習における積極的な相互作用の促進者というイメージが強くなっています。

　なお，古くからの学習観は「伝統的な学力観」，最近の学習観は「新しい学力観」とも言われています。

新しい学力観に基づく理想的な学びとは

　これからの学校教育では，次のような学びを充実させていくことが望まれます（河村，2017）。

　　1）対話を通した学び……他者との考えの交流で，他者の考えを受け入れ参考にし，自分の考えと合わせて新たな考えを創出するなかで，学習する能力を高めていくような学び

　　2）モデリングによる学び……協働活動していくなかで，他者の行動や考え方を取り入れていくような学び

　　3）思考活動を通した学び……児童生徒が様々な思考をめぐらせ，自ら気づいて身に付けていくような学び

　　4）実践共同体の学び……実践共同体とは，そこへの参加を通して知識や技巧の修得が期待できる集団のことで学級集団も該当する。学級集団での活動や生活を通して，級友同士の相互作用のなかで，対人関係の形成の仕方，様々な考えを統合していく仕方，チームワークのとり方，リーダーシップのとり方などについて，場に合わせた行動の仕方・考え方を体験を通して自ら学び取っていく学び

　上記1）～4）のような学びを担保するには，授業のなかにグループ活動や体験的な活動を取り入れるだけでは十分でなく，覚えたこと・学んだことを実質化できるような工夫が必要です。

授業におけるグループ活動の工夫── PBL の活用

思考の交流を推進するグループ活動のプログラム

　思考の交流を促すグループ活動のプログラムとして，PBL があります。PBL は近年のアクティブラーニング型の授業の推奨の流れにおいて，日本でも注目を集めています。アメリカでは20世紀から学校教育で盛んに活用されてきました。

　PBL は，PbBL と PjBL の2つに大別されます。PbBL と PjBL は特徴に類似点が多いことから，ひとまとめに「PBL」として扱われることもありますが，起源は異なります。

PbBL（Problem-Based Learning：問題基盤型学習）

　PbBL は，教員によってあらかじめ児童生徒の学習活動の工程が定められています。学習活動の工程は，「教員が知識や技能を教える部分」「児童生徒が一人で考える部分」「グループ活動で検討し合う部分」などです。教員によって想定された「問題」や「シナリオ」を解決する活動を通して学ぶことになり，「状況に埋め込まれた学習」とも言われます。このような展開は，日本の義務教育の授業でも用いられています。

　問題やシナリオは，児童生徒が自分のこととして捉えられるような課題（authentic problem：現実の社会に存在する現象に近づけられたもの）が用いられます。例えば，学習者が住む地域の問題や歴史などです。

　PbBL では，児童生徒は個人学習とグループ学習を往還しながら学ぶので，知識の習得と同時に，グループでの協同性の獲得もできるのです。

　授業での活用の仕方は，定型化されたプログラムが，アメリカでは200以上も開発されています。Barkley ら（2005）は，話合い，教え合い，問題解決，図解，文章完成の５つのカテゴリーに分け，30の技法を示しています。例えば，「ラウンド・ロビン」は，課題明示⇒個人思考（各自が自分なりの回答を準備する）⇒集団思考（一人ずつ発表）の手順で授業を構成し，最後にグループで話し合ってより望ましい回答をつくりあげるものです。

PjBL（Project-Based Learning：プロジェクト型学習）

　PjBL は，プロジェクトを基盤として進められる学習方法です。プロジェクトとは，児童生徒が計画し現実の生活において達成される目的をもった活動です。プロジェクトの解決に向けてチームで協力し学びを進め，成果物を作成する形態をとります。卒業論文の協働作成に近いイメージです。PjBL はデューイ（Dewey, J.）の経験主義やキルパトリック（Kilpatrick, W. H.）のプロジェクトメソッドが起源とされています。多くの場合，課題解決に向けて少人数のグループで協働して取り組むので，協力する意義の学習にもつながります。

PBL を授業で活用する方向

　授業を自律的・協働的な学習活動となるように展開していくには，最初はグループ活動の「構成」度を強めて児童生徒に活動の仕方を身に付けさせ，児童生徒の自律性が高まるのにつれて，徐々に「構成」度を弱めていって，より主体的に活動できるようにしていく流れが効率的です。

　ここで言う「構成」とは定型化されたプログラムを活用したり，グループ活動する人数や時間を定めるなど，場面設定（条件設定）をすることです。定型化されたプログラムは，グループ活動の指導が熟達していない教員にも活用しやすいものです。児童生徒の実態や学級集団の状態に応じて，教員が「構成」することで，より児童生徒同士のかかわり合いやグループ活動が活性化します。

　PbBL —— PjBL の関係には，スペクトラム（連続している）の面があります（Barkley，2005）。教員が教師役割をとり学習過程全体で児童生徒に知識や助言などを与える PbBL は相対的に「構成」度が強く，児童生徒が主体的に進めて研究論文を作成するような活動である PjBL は「構成」度が弱いのです。

　したがって，授業では，最初は PbBL に取り組ませていき，ある程度児童生徒がグループ活動に慣れて，自律性・協働性が高まってきたら PjBL に取り組ませていく，という流れが効率的です。

4　集団での学びが深まる要件（自律性と協働性）

児童生徒が中心の授業づくりへ

　これまでの授業づくりは，児童生徒（学級集団）に教えたい知識を効率よく獲得させる形が中心でした。児童生徒は教員の指示に従って，「やらされる」形で学習活動に取り組むことが多かったのです。教員の指導行動は児童生徒にプレッシャーを与えて，教員が指示する特定の行動をとることを強いる面がありました（統制的な指導行動）。

　近年の授業では，教員は統制的な指導行動とは真逆の，自律性支援に基づく指導行動が求められています。自律性支援とは，児童生徒の視点に立ち，児童生徒自身の選択や自発性を促すことです（Deci ら，1987）。

　自律性支援の骨子は，次の2点です。

1) 児童生徒自身が自らの学習行動を決定する自由を保障すること
2) 望ましい結果を効果的に達成できるように，見通しと方法について，児童生徒に明瞭かつ豊富な情報を提供すること

　これからの教育には，大人の言うことを素直に聞いて従うことを通して児童生徒を育てるのではなく，なるべく自分で考えて行動することを繰り返しながら児童生徒を育てることが期待されています。何よりも児童生徒が自らの意志とともに，毎日の授業や学習に向かうことが大切です。

児童生徒の自律性を高めるには

　まずは，児童生徒一人一人の学習に取り組む動機が，自律的になるように支援することです（Deci ら，1985）。

　「やらされる」形で学習に取り組む心理には，「やらないと教員に怒られるから」「友人にばかにされたくないから」という思いがあります。プレッシャーがなくなったら，その学習はしなくなります。これが統制的な指導の限界です。「やりたいからやる」というのが自律的に取り組むことであり，例えば，学習内容が自分の個人的な興味や関心と結び付くようにして，児童生徒の思いを高めていきます。また，「やる価値があるからや

る・やるべきだ」という思いを，取り組んだ結果もたらされるメリットや意味を理解させながら，高めていくのです。

　次に，児童生徒一人一人の特性，理解状況や能力・適正に合わせた支援をして，高めるのです。「個別最適化された学び」を行うのです（文部科学省，2021a）。2つの方針があります。一つは，児童生徒の特性や学習の定着度等に応じ，指導方法・教材や学習時間等を，柔軟に提供・設定を行う「指導の個別化」をするのです。もう一つは，児童生徒の興味・関心・キャリア形成の方向性等に応じて，学習の目標を設定し，学習を深め，広げていくのです。「学習の個性化」です。

　このような支援には ICT も積極的に活用され，その結果，障害の有無に関わらず，すべての児童生徒の自律的な学習が促されるのです。

児童生徒が協働学習ができるようになるためには

　協働学習が成立するためには，次の2点が児童生徒（学級集団）に共有されていなければなりません（Kagan，1994）。

　一つは，協働学習の目標と，目標達成にはすべての児童生徒の協力が不可欠なこと，が学級集団に了解されていることです。

　もう一つは，児童生徒個人の目標とグループ全体の目標の両方があることを理解し，両方を達成する責任があることが了解されていることです。

　この2点をすべての児童生徒がもてるようになるためには，学級内で，児童生徒が取り組みやすい内容・レベルから，少しずつ協働活動の体験を積み重ねながら，児童生徒の思考面と感情面の両方を，計画的に育成していくことが求められるのです。協働学習の前提として，他者と協働する意味を理解させ，建設的に協働できるためのスキルを身に付けさせること，すなわち，一定度の協働性を育成することが必要なのです。

自律性と協働性は統合して高めなければならない

　自律性と協働性の育成は組み合わせて行うのです。授業のなかで，自律性育成の「個別最適な学び」の成果を「協働的な学び」に生かし，さらにその成果を「個別最適な学び」に還元する，などの展開が求められるのです。

建設的に集団参加できることが，主体的・対話的で深い学びの前提である

　かつて，児童生徒は受動的な存在で，まさに「勉強」，すなわち「強いて勉める」という，教員に指示されて「やらされる」形で取り組む学習活動が中心でした。その認識は180度変わり，近年では児童生徒が自律的な存在として学習に取り組んでいくことが求められています。

　また，ほかの児童生徒との協働活動や協働学習に，建設的に参加し活動できることも求められます。一人で黙々と学習する形だけの授業，メンバーが集まってただ一緒に学習・活動するだけの授業は，主体的・対話的で深い学び（アクティブラーニング）の促進とは言えません。

　その集団に所属していると，やる気が刺激され，ほかの児童生徒とフランクに親和的にかかわれるような集団もあれば，互いにけん制し合ったり，白けていたり，児童生徒同士の対立が絶えないような集団もあるのです。

　授業がアクティブラーニングとなるためには，児童生徒個人が達成すべき課題と，学級集団が組織として達成すべき課題があるのです。

学習者個人が達成すべき課題

　自分自身をリードできること，すなわち，自らの意志のもと，状況に対して正しい判断を行い，自律的に行動して自らの方向性を決めることが求められます。同時に，ほかの児童生徒と集団で協働活動や協働学習に参加するための意義を理解し，それを具現化するソーシャルスキルを身に付けていることが求められます。ただし，それを達成するのは，かなり難しいことです。

　児童生徒が集団での協働活動や協働学習に対して取りうる態度には，いくつかのレベルがあります。低い順に示すと，次頁（p.26）の図4の通りです。自律的とは，5段階（同一化的動機による参加）以上で参加できることです。

25

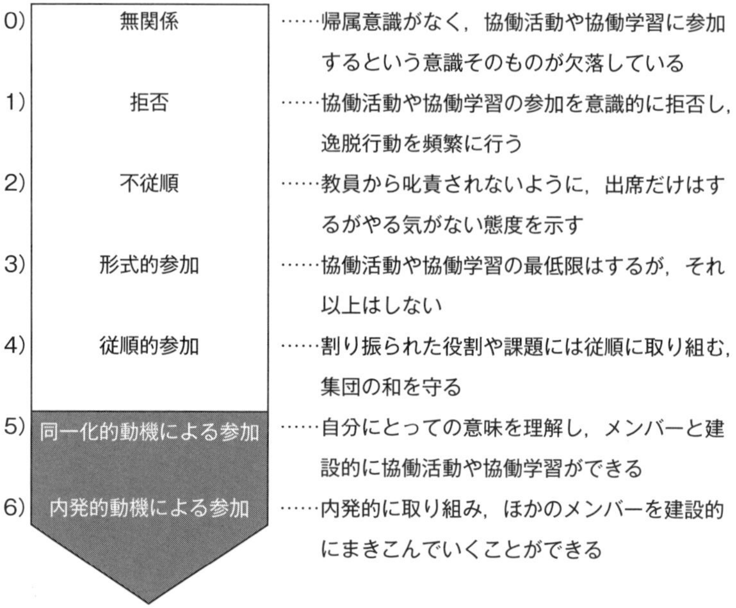

0)	無関係	……帰属意識がなく，協働活動や協働学習に参加するという意識そのものが欠落している
1)	拒否	……協働活動や協働学習の参加を意識的に拒否し，逸脱行動を頻繁に行う
2)	不従順	……教員から叱責されないように，出席だけはするがやる気がない態度を示す
3)	形式的参加	……協働活動や協働学習の最低限はするが，それ以上はしない
4)	従順的参加	……割り振られた役割や課題には従順に取り組む，集団の和を守る
5)	同一化的動機による参加	……自分にとっての意味を理解し，メンバーと建設的に協働活動や協働学習ができる
6)	内発的動機による参加	……内発的に取り組み，ほかのメンバーを建設的にまきこんでいくことができる

図4　協働活動や協働学習に対して，児童生徒がとりうる態度

学級集団づくりで達成すべき課題

　インクルーシブ教育の推進にも取り組む学校現場で，障害の有無にかかわらず，すべての児童生徒の特性が受容され，大きな多様性を包含しながら，児童生徒同士が対等に，率直で，建設的な相互作用が活性化している状態が目指されています。この状態は，実は，真に協働学習が成立する学級集団の状態と同様なのです。このような状態の学級集団でこそ，アクティブラーニングとなる授業と特別支援教育の推進が表裏一体となるのです。

　ただし，学習者個人，学級集団づくりで求められる課題の達成は，それぞれにとてもハードルが高いのです。教員は両者を統合して，相乗的に理想の状態に近づくように，授業や特別活動を展開しながら，学級集団づくりをしていくことが求められます。

6 教育力のある学級集団のメカニズム

自治的な学級集団の教育力

　学級集団での学びから生み出される教育力は，学級内の児童生徒の相互作用が柔軟に活性化して，児童生徒が自分一人では獲得できないレベルのシナジー（相乗）効果を生み出します。

　自治的な学級集団である「親和型」（p.132）には，学習のシナジー（相乗）効果を生み出す相互作用が豊富であり，大きな教育力があります。

　児童生徒は，建設的な集団参加を通して，学習意欲を高め，自分に合った学習方略や，学校生活やその後の社会生活を営むためのソーシャルスキルを獲得します。そのことが，学力の向上や不登校の抑制など，様々な教育成果にもつながっていくのです（河村，2010，2015）。

真の "協同学習" の基盤となる集団

　協同学習※とは，授業の中で，小集団を利用して，学習者たちがともに活動し，自身と互いの学習を最大化させる活動であり，協力して学び合うことで，学ぶ内容の理解・習得を目指すとともに，協同（協働）の意義に気づき，協同（協働）の技能を磨き，協同（協働）の価値を学ぶ（内化する）ことが意図される教育活動です（Johnson ら，1993）。

　学習にグループ活動やアクティビティを取り入れるだけでは，真の "協同学習" とはいえず，それは形だけのものです。真の "協同学習" が展開される前提として，学習集団の組織として達成すべき課題があるのです。以下にその条件を示します（Johnson ら，1993）。

※　「主体的・対話的で深い学び」はアクティブラーニングの具現化であり，アクティブラーニングは，「協同学習」の考え方が基盤になっています。「協同学習」は19世紀から米国教育界の中心的な教育実践になっており，デューイ（Dewey, J.）も積極的に奨励していました。なお，本書では，「協働学習」の形態の一つとして「協同学習」を捉え，原則として「協働学習」で表記を統一します。ただし，Johnson らの研究を紹介する文脈では「協同学習」と表記します。

表1　理想的な協同学習と形だけのグループ学習それぞれにおける集団の特徴

理想的な協同学習	旧来の形だけのグループ学習
相互協力関係がある	協力関係なし
個人の責任がある	個人の責任なし
メンバーは異質で編成	メンバーは等質で編成
リーダーシップの分担をする	リーダーは指名された一人だけ
相互信頼関係有り	自己に対する信頼のみ
課題と人間関係が強調される	課題のみ強調される
社会的スキルが直接教えられる	社会的スキルは軽く扱うか無視する
教員はグループを観察，調整する	教員はグループを無視する
グループ改善手続きが取られる	グループ改善手続きはない

　この条件を満たした学習グループで展開されるグループ学習が，真の"協同学習"，アクティブラーニングとなります。その成果は，以下の図のA～Dのように差が出るのです（Johnson ら，1984）。

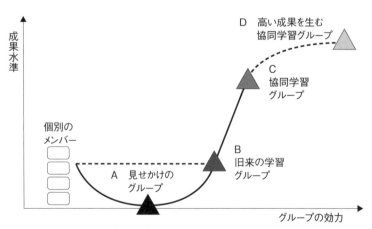

図5　グループの質による成果曲線（Johnson ら，1984：石田ら，2010に加筆）

7 本書の問題意識とねらい

本書のねらい

　近年の教育改革は，予測不能な社会を前提とした学びの改革で，学級集団づくりの目的にも大きな変化を迫っているように見えます。このようななかで学級集団づくりが混沌としています。学校現場の学級集団づくりの現状理解と，変化のあり方との関連が整理されていないからです。

　その関連を整理し，これからの教育改革の基盤となる学級集団づくりの目標と方法について解説することが，本書のねらいです。

　本項では，その概略を整理します。

変わらぬ学級集団づくりの目的

　日本の教員の多くは，教える・指導する役割の教員が，教わる役割の児童生徒に，「縦の役割関係での指導が単に良好に成立している集団」を，望ましい学級集団とは捉えていません。

　児童生徒の自主的で自治的な活動で，学習活動や学級活動，かつ，生活集団である共同体の運営に関する当番活動も含めて，学級集団が運営されていくのを理想としているのです。つまり，自治的な学級集団です。

　自治的な学級集団は，学級のルールが児童生徒に内在化され，一定の規則正しい全体生活や行動が，温和な雰囲気のなかで展開されます。全体的な活動でも，課題に合わせてリーダーになる児童生徒が選ばれ，みんなで協働活動ができるのです。リーダーシップは，すべての児童生徒がとりうるようになります。

　すなわち，自治的な学級集団とは，学級の問題を自分たちで解決でき，児童生徒が自他の成長のために協力できる状態で，自律性と協働性が統合されて確立されている集団です（河村，2010）。「主体的・対話的で深い学び」となる学習活動に理想的な状態です。

　学級集団づくりの究極の目的は，学校現場の教員たちが理想としてきたイメージと，変わっていないのです。

学校現場の現状が，学級集団づくりの目的を後ろ向きにする

　学校現場では1990年代後半から，小学校でも学級という集団を単位とした教育活動が成立しない学級崩壊の問題が社会的に注目され，その決定的な解決は現在まで見られていません。この問題は，教員の学級集団づくりに，遂行目標志向（失敗を回避することを優先します）を帯びさせます（河村，2012）。

　筆者は，学級集団内の児童生徒間の相互作用が児童生徒の学びとかかわりを阻害しない状態が，「学級集団づくりのゼロ段階」のレベルと定義して，ゼロ段階以下では教育活動としては不十分であることを指摘してきました。

「学級集団づくりのゼロ段階」の状態

　1）学級集団全体で授業や活動が，一応成立している

　2）学級集団の雰囲気や状況が，児童生徒個人の人権，学習意欲・行動にマイナスの影響を与えていない

　学級集団づくりの理想は「親和型」で，ゼロ段階は「かたさ型」と「ゆるみ型」であり，ゼロ段階以下とは，「不安定型」と「崩壊型」です（図6およびp.132参照）。学校現場では，ゼロ段階のクリアにつまずいているケースが多いのです。

　学校現場では，自治的な学級集団である「親和型」を目指すよりも，学級崩壊をさせない（「不安定型」と「崩壊型」にならない）学級集団づくりを志向する傾向が見られています。それは，教員の指示に児童生徒が素直に従って行動できる状態の「かたさ型」や，その亜流として，強い管理だけはしない「ゆるみ型」など，いずれもゼロ段階に留まるものです。

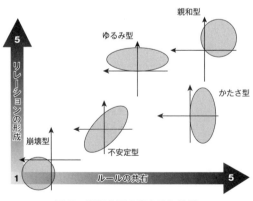

図6　学級集団の代表的な状態

真の「親和型」の学級集団

　学習に理想的な状態の学級集団は，自治的な学級集団である「親和型」です。児童生徒の相互作用が柔軟で活性化していることが特徴です。人間関係が親和的で安定しているなかで，さらに，児童生徒同士のかかわりや役割が固定されておらず，柔軟に交流できる状態にあるのです。

　このような状態の学級集団では，授業だけではなく日常的にも，児童生徒はフラットに，フランクに，みんな誰とでも自由に活発な話合いが展開されています。学級風土が，児童生徒の思考をつなげたり，深めたりすることを促すので，創造的なアイディアを生起させていくのです。

似非「親和型」学級集団

　それに対して，一見，「親和型」のように見えるのですが，学級集団の構造が異なる学級集団があります。

　この学級集団は，周囲からは「よい学級」と評されるくらい安定したまとまりがあり，児童生徒はきびきびと行動できていて，高い成果を上げています。

　ただ，学級のなかをよく見ると，みんなから信望の厚い児童生徒がリーダーとして固定しており，ほかの児童生徒はそのリーダーを頼って行動している傾向があります。学級内に，みんなが受け入れているピラミッド型の序列，期待される態度や行動の型があり，集団活動が効率よく成果が出るように構成できているので，人間関係の不確実性が少なく安定があり，仲がよく，活発に生活・活動できているのです。

　実は，学級集団の構造として，このような学級は「かたさ型」の発展型なのです。教員の指導行動に強制や管理が少なく，児童生徒の心情に配慮する面があり，児童生徒の「やらされ感」は低いと考えられます。しかし，児童生徒は，新たな発想や行動，役割をとる場面が少ないので，児童生徒の自律性や協働性が高まりません。

　このような学級集団は，ある意味で，教員にとって都合のよい状態です。教員が一斉指導で学習内容を説明し，児童生徒はそれを静かに聴き理解し記憶するような授業や学習を，効率的に展開できるからです。

31

	真の「親和型」	似非「親和型」
共通点	・周囲からは「よい学級」と評されるくらい安定したまとまりがある ・児童生徒はきびきびと行動できていて，高い成果を上げている ・Q-U で70%以上の生徒が満足群にプロットされている	
異なる点	・リーダーが持ち回り ・集団活動で試行錯誤を繰り返すが，失敗が受容される雰囲気やフォローがある。集団の安定より柔軟さを重んじる雰囲気がある	・リーダーが固定的 ・みんなが受け入れている序列，期待される行動の型があり，集団活動は効率的で成果があり，人間関係の不確実性が少なく安定がある

真の「親和型」と似非「親和型」の違い

授業づくりが変わったいま，学級集団づくりの真価が問われる

　これからの授業で求められる学級集団の状態は，児童生徒が相互に積極的にかかわり合い，協働学習し合えるような状態です（p.36参照）。

　すなわち，自治的な学級集団である「親和型」が求められるのです。

　ゼロ段階の学級集団は，ゼロ段階をクリアできていない「不安定型」と「崩壊型」と比べれば悪くないとも言えますが，「自ら学ぶ力」や「深い学び」といった授業・学習改革を展開する学習環境としては不十分です。

　さらに，教員の指示通りテキパキと活動できたとしても，指示や命令に素直に従う似非「親和型」の学級風土は，児童生徒の自律性や協働性を育む土壌としては問題があります。このような風土の学級集団で協働学習を仕組んでも，児童生徒の相互作用は予定調和的な結果に至ることが多く，創造的な成果につながる思考の交流が生まれにくいからです。

　今般の授業改革を通して児童生徒の資質・能力の育成を目指す，自治的な学級集団（「親和型」）を形成していくためには，集団発達の早い段階から，自律性支援を意識した対応が求められます。

　難易度は高く，リスクも伴いますが，目指さなければなりません。児童生徒の資質・能力の育成はまったなしだからです。そこで，確実にアセスメントして，スモールステップで計画的に進めることが必要です。

第 1 章

||||||||||||||||||||||||||||||||||||||||||||||||||||||||||||||||||||||||

すべての児童生徒の
「深い学び」のつくりかた

学級経営の全体像

　学級集団育成，学習指導，生活指導や進路指導，教育相談など，学級集団の形成・維持と，教員（学級担任）が行う学級の児童生徒に関するすべての指導・援助を総称して，「学級経営」という言葉が用いられています。学校教育全体にかかわるとても広い概念です（河村，2010）。

　教員たちは「学級経営」の展開について，体系的な理論とそれを具現化するスキルを，養成課程で教わっていないのが現状です。筆者は，教員が学級集団づくりを改善することで，授業を含む「学級経営」の力をトータルに高めることができると考えています。「学級経営」と学級集団づくりの関係は図7のようなイメージです（ここでは詳しい説明は省略します。拙著『日本の学級集団と学級経営』をお読みいただけると幸いです）。

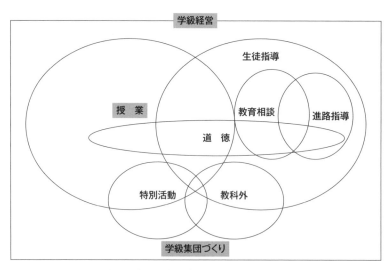

図7　学級経営の全体図（河村，2010）

授業改革は真の「親和型」を目指す学級集団づくりと同時に進める

　授業改革は，その土壌となる学級集団づくりにも改革を迫ります。

　これまでは，教員が学習内容を全体に説明し，児童生徒はそれを静かに聴き理解し記憶するという，知識伝達型の授業が中心でした。学級集団づくりでは，全体への一斉指導が効率よく展開されるための条件，私語をせず静かにする，全体で動くルールや型を守って活動する，能力などにより上下関係があり，我を出さずみんなと和する，などの安定度が高い状態が大事にされてきた側面があることは否めません。

　これからの学級集団づくりは，安定度があり，かつ，児童生徒の多様性を前提に，相互に積極的にかかわり合い，協働学習し合えるような，活性度も高い状態に向かうことが必要です。大事にしたいのは，各自の特性が尊重される柔軟なルール，対等に平等に率直に考えを言い合える雰囲気，高め合おうとする風土がある学級集団の状態です（河村，2017a）。

　真の「親和型」を目指すという認識が，切に求められるのです。そして，学級集団づくりも，以下のような展開になります。

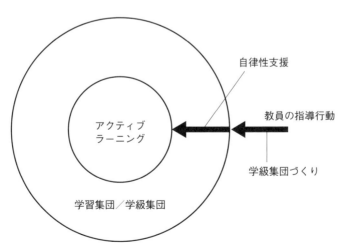

図8　アクティブラーニングの実質化の要素（河村，2017a）

2 学級集団づくりの要件—安定度と活性度

「主体的・対話的で深い学び」を支える学級集団

　児童生徒の学力は，授業を中心とした教育活動全体を通して，トータルに形成されていきます。その成果は，学習者同士のかかわり合いから生まれる「相互作用の質」に大きな影響を受けます。

　授業に，グループ・ディスカッション，ディベート，グループ・ワーク等を積極的に取り入れていくのは手段であり，その成果は，児童生徒同士の相互作用が建設的になされているかどうかが大事なのです。その相互作用の質を左右するのは，その場を包む学習集団（学級集団）の状態です。

　その学級に所属していると，やる気が刺激され，ほかの児童生徒とフランクに親和的にかかわれるような学級集団は理想の状態です。しかし，互いにけん制し合ったり，白けていたり，児童生徒同士の対立が絶えない，本音の思いや考えが言えないような学級集団の状態もあるのです。

　その必要条件は，児童生徒の情緒の安定や意欲を喚起・維持する側面と，率直で建設的な思考の交流を支える側面です。前者が安定度，後者が活性度です（河村，2019）。

安定度と活性度——学習集団を捉える視点——

　「主体的・対話的で深い学び」を支える学級集団の状態を捉える視点は，安定度と活性度です。

　安定度とは，学級内の児童生徒に一程度の規律（ルール）が共有され，親和的な人間関係（リレーション）が学級内に確立された度合いです。これが高いことによって，学級内の児童生徒の情緒は安定し，学級生活や学習活動，級友とのかかわりの意欲が喚起・維持されるのです。

　活性度とは，個人の存在や考えが大事にされ，協働活動や協働学習で児童生徒同士が建設的に相互作用できる度合いです。

安定度の5段階（レベルが高い順に表示）

⑤安定……学級の課題に対して，児童生徒全員がリーダーやフォロワーの役
割に柔軟につき，役割遂行することができる

④固定……全体行動はできるが，集団主義的な傾向があり，リーダーとフォ
ロワーの役割が固定し，児童生徒たちの間に序列がある

③流動……児童生徒は集団の構成員であるという意識が乏しく，個人の利益
が優先され，集団活動での連携が弱く小集団が乱立し，成果もいまひとつ
である

②不安定……児童生徒は集団の構成員であるという意識が乏しく，かつ，学
級内に人間関係の軋轢，小集団対立があり，学級集団としてまとまること
ができない

①混沌……児童生徒は集団への所属意識が薄く，嫌悪感があり，各自が勝手
に存在し利己的に活動しているので，集団の体をなしていない

活性度の5段階（レベルが高い順に表示）

❺創造……建設的に相互作用でき，既成の知識を発展させて，新たな発想を
生みだせる状態

❹活用……建設的に相互作用でき，既成の知識や方法に新たなものを加えて，
応用できる状態

❸遂行……教員から与えられた課題を，指示されたとおりに，全体で集団活
動が実行できる状態

❷停滞……学級内の人間関係は不安定で，教員への抵抗から指示されたこと
を，素直に実行ができない状態

❶不履行……学級内の人間関係が悪く，教員の指示に反発し，指示された通
りには実行しない，集団活動ができない状態

学級集団は，安定度と活性度のバランスで，特有の性質をもつのです。

学級集団の状態

＜安定度＞ × ＜活性度＞

⑤：安定 ❺：創造

④：固定 ❹：活用

③：流動 ❸：遂行

②：不安定 ❷：停滞

①：混沌 ❶：不履行

「強い安定度」から「安定度と活性度が両立して高い」学級集団へ

　従来の知識伝達型の授業が行われていたときは，学級集団づくりは，強い安定度がある状態，すなわち，「安定度が＜④固定＞で，活性度が＜❸遂行＞」の状態を目指したものが多かったと思われます。

　このような学級集団では，児童生徒は安定し，集団できびきびと行動できています。学級内には，児童生徒から信頼された教員，みんなから信望の高い児童生徒がリーダーとして固定しており，ほかの児童生徒はそのリーダーを頼り，その指示に素直に従っています。

　そして，学級内にはみんなが受け入れている序列があり，それに従って行動，役割を取ることが，集団の和を保つこととして暗黙裡に期待されています。

　学級内の序列は，それに従って行動していると，人間関係の不確実性が少なくなるので，不安が少なくなり安定がもたらされるのです（行動レベルのルールの確立と特定化信頼レベルのリレーション形成，p.40参照）。このような状態の学級集団は，トラブルも少なく，一定以上の課題達成の成果を上げることができるので，学級集団づくりの目標にされてきたのです。

　しかし，児童生徒は，従来にない新たな発想や行動，役割を取ることが抑制されがちで，内発的な動機や新たな発想を創出する意欲は高まらず，

創造的な思考や行動をしようとはしなくなるのです。

　変化が常態化する社会への変化につれて，強い安定度がある状態から，安定度と活性度が両立して高い状態への変化が求められてきたのです。

安定度と活性度がともに高い集団の学級風土

　「安定度と活性度が両立している学級集団」は，「安定度が＜⑤安定＞で，活性度が＜❺創造・❹活用＞」の状態が目指されるのです。また，与えられた課題を＜❸遂行＞する場合も，児童生徒の自発性が尊重されるのです。

　このような学級集団の特徴は，まず，児童生徒間の序列を否認し，みんな平等であるという理念が理解され，その理念に従って，お互いを尊重する学級風土が大事にされています。

　そして，特定の児童生徒に学級のリーダーが固定されず，課題に応じて，いろいろな児童生徒がリーダーシップを取り，活動するグループのメンバーの編成も，活動内容に応じて，柔軟に構成されます。人間関係が学級全体に開かれているのです（この開かれた状態は，学年へ，学校全体へ，地域社会へとつながっていくのです）。授業だけではなく，諸活動のなかで，みんな誰とでも自由に活発な話合いが展開されているのです（内在化したルールの確立と普遍化信頼志向のリレーション形成，p.40参照）。

　一見，「強い安定性をもつ学級集団」よりもまとまりが弱いように見えますが，学級集団づくりの考え方が違うのです。

　「強い安定性をもつ学級集団」は，集団のメンバーの人と人との同質的な結び付き，型に従った行動で，一体としてまとまっています。

　「安定度と活性度が両立している学級集団」は，児童生徒一人一人の存在が尊重され，そのうえで，共通の目的の達成を目指し，達成する方法には多様な選択肢が用意され，緩やかに結び付いているのです。

「自律・協働・信頼・目的共有」を基盤とするルールとリレーション

　安定度と活性度の両立には，規律（ルール）の共有と，親和的な人間関係（リレーション）の確立が必要であり，「自律性の確立」「普遍化信頼の形成」「学級集団の目的の共有化」「協働に関する意識とスキルの確立」を基盤とします。

　「自律性」と「協働に関する意識とスキル」は前項で解説した通りで，両立することで，個性の軽視につながる集団主義的な面が抑えられます。

　さらに，「普遍化信頼の形成」と「学級集団の目的の共有化」が，この学級集団を特徴づけるのです。「強い安定性をもつ学級集団」は，集団内部の人々の同質的な人間関係の結び付きで，協力，結束力を生み，社会関係の形成を促します。これを「特定化信頼」と言います。強すぎると，閉鎖性や排他性につながります。

　それに対して，「安定度と活性度が両立している学級集団」では，複数の個人，集団，組織が，特定の共通目的を果たすために，境界を越えて，緩やかに，水平的かつ柔軟に結合し，社会関係の形成を促します。これが「普遍化信頼の形成」で，これからの共生社会で求められる考え方です。そして，児童生徒が普遍化信頼で結び付くためには，「学級集団の目的の共有化」が必要なのです。

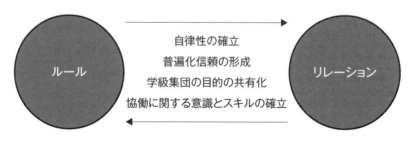

図9　ルールとリレーションをアップデートする視点

２段階の目安で学級集団づくりを展開していく

最終的に「安定度と活性度が両立している学級集団」に至るためには，次の２段階の目安で，集団の発達を促していきます（河村，2017a）。

1）協働活動・学習の基盤となる集団の安定度を一程度確立する

2）協働活動・学習が展開できるように，活性度を高めていく

次のような展開です。

1）協働活動・学習の基盤となる集団の安定度を一程度確立する

協働的な学習活動ができるための，レディネスを整える段階です。協働の考え方や，協働的な活動におけるルールやマナーの習得が必要です。

個々の児童生徒が相互にかかわりながら，「自律性の確立」「普遍化信頼の形成」「学級集団の目的の共有化」「協働に関する意識とスキルの確立」を目指します。その結果，学級が集団として，規律と開かれた親和的な人間関係が確立していくのです。そして，児童生徒は教員の指導のもとで協働活動ができるようになり，一定の安定度を得た状態になるのです。

2）協働活動や協働学習が展開できるように，活性度を高めていく

学級集団の安定度のレベルに応じて，活性度が高まる対応をしていく段階です。自由度の高い相互作用から生まれる現象は，玉石混交です。安定度が低いなかで相互作用を活性化させると，学級内にトラブルも増加する可能性が高まり，安定度が低下してしまうのです。

この段階の学級集団づくりでは，安定度と活性度とのバランスのよい取組みが求められます。学習活動，学校行事への取組みや特別活動，日々の諸活動の取組みが，安定度と活性度とのバランスのよいプログラムで展開されることによって，学級集団は成熟し，深い学びとなる協働活動や協働学習が展開できるようになるのです。そして，学級内の児童生徒は，より高いレベルの資質・能力を獲得できるのです。

より明確な自治的な学級集団づくりの提起

この「安定度と活性度が両立している学級集団」づくりは，従来の「自治的な学級集団」づくりと本質的には一緒なのですが，自治的な学級集団までの要素や道筋を，より明確に提示することを試みています。

「安定度と活性度が両立している学級集団」の発達過程

　学級集団の状態は，児童生徒たちの間の相互作用，インフォーマルな小集団の分化，児童生徒と教員との関係，それらの変化により，その雰囲気や児童生徒の学級や教員に対する感情，行動傾向などに変化が起こります。このような学級集団の状態の変化が，「学級集団の発達過程」です（河村，2017a）。

　最終的に「自治的な学級集団」に至るまでに，学級集団が安定度と活性度を高いレベルで確立していく発達過程として，次のような展開が整理されています（河村，2017a）。

第1段階：混沌・緊張期（安定度：②，活性度：❶・❷）

　学級編成直後の段階で，児童生徒同士に交流が少なく，学級の規律（ルール）も定着しておらず，一人一人がバラバラの状態です。教員が，協働の考え方や，協働活動におけるルールやマナーのある行動のモデルとなりながら，児童生徒たちにそのような行動の意義を説明し，その方法を教えていく段階です。そのプロセスで，対人交流の不安を取りながら，少しずつ協働活動に慣れさせていくのです。教員主導で児童生徒たちの意識性を高め，方法を共有させる段階です。

第2段階：小集団成立期（安定度：②・③，活性度：❷）

　学級のルールが徐々に意識され始め，児童生徒同士の交流も徐々に活性化してきますが，その広がりは気心の知れた級友との小集団内に留まっている状態です。学級内の相対的に意識性の高い児童生徒が，教員の説明と行動をモデルにして行動し，リーダーシップをとるようになる段階です。コアメンバーが形成される段階です。

第3段階：中集団成立期（安定度：③・④，活性度：❸）

　学級のルールがかなり定着し，小集団同士のぶつかり合いの結果後に一定の安定に達すると，指導力のあるリーダーがいる小集団などが中心と

なって，複数の小集団が連携できる中集団が形成され，学級の半数の児童生徒が一緒に行動できる状態です。教員や意識性の高い児童生徒たちの行動がほかの児童生徒に広がり，新たに意識性が高まった児童生徒がリーダーシップを取れるようになる段階です。リーダーシップをとる児童生徒が明確になり，それがローテーションされていく段階です。

第4段階：全体集団成立期（安定度：④・⑤，活性度：❸・❹）

学級のルールが児童生徒にほぼ定着し，一部の学級全体の流れに反する児童生徒や小集団ともある程度の折り合いが付き，ほぼ全員で一緒に行動できる状態です。ルールの内在化と特定化信頼の打破が始まり，周りの児童生徒が能動的にフォロワーシップを発揮することができ，スキルの低い児童生徒もリーダーシップをとれるようになる段階です。

第5段階：自治的集団成立期（安定度：⑤，活性度：❹・❺）

学級のルールが児童生徒に内在化され，一定の規則正しい全体生活や行動が，温和な雰囲気のなかで展開され，児童生徒が普遍化信頼志向で協力できる状態です。協働活動の内容に応じて，いろいろな児童生徒が，リーダーシップやフォロワーシップを柔軟にとれるようになる段階です。

「安定度と活性度が両立している学級集団」の発達過程

これからの授業づくりにとって理想的なのが，「第5段階：自治的集団成立期」の状態の学級集団です。

1）協働活動や協働学習の基盤となる集団の安定度を一程度確立する段階

　　混沌・緊張期──小集団成立期──中集団成立期

2）協働活動や協働学習が展開できるように，活性度を高めていく段階

　　中集団成立期──全体集団成立期──自治的集団成立期

より建設的にまとまっていく方向に従い，段階ごとにふさわしい児童生徒がリーダーシップを担当し，最終的には，すべての児童生徒が柔軟にリーダーシップを発揮し，みんなフランクに交流できるようにするのです。

4 指導行動の基本

「スキャフォールディング」と「フェーディング」の組み合わせ

　児童生徒は活動の経験を積むことによって，学習者としてのレベルを上げていきます。教員は支援を段階的に工夫して展開する必要があります。その支援方法の基盤は，「スキャフォールディング」と「フェーディング」の組み合わせが有効です（Brown ら，1989）。

　スキャフォールディングとは，児童生徒の実態と学習活動の難易度に合わせて，できそうなレベルの足場をつくって手助けをして，活動させることです。フェーディングとは，児童生徒の成長の段階に伴って，徐々に足場をつくって手助けする支援を，減らしていくことです。

　スキャフォールディングとフェーディングの組み合わせは，次の流れです。

1）最初は教員が，児童生徒が無理なく活動に取り組めるように，適切な教育活動を通しての支援（足場づくり）を十分に行います

2）児童生徒が徐々にその活動内容を定着してきたら，その定着度に応じて教員は支援を減らしていきます

　最終的に，一人で自律的に行動できるようになっていくのです。児童生徒の実態に応じて，教員は指導行動や支援を適切に調節するのです。

自律性支援は段階的に展開されていく

　教員による自律性支援の発揮の仕方は，「教示的――説得的――参加的――委任的」の4段階を，児童生徒の実態と学習の難易度に応じて，調節して展開していくことです。次に4段階の内容を解説します（右頁）。

自律性支援の基盤はカウンセリングマインド

　自律性支援の基盤に，カウンセリングマインドが必要です。受容・共感といったカウンセリング的な態度で，児童生徒の存在を受容し，その言動に共感することでリレーション（ふれあいのある人間関係）を形成し，児童生徒が情緒的にも安心して，主体的に行動できるように支援することが求められます。

1）教示的リーダーシップ

——最初の段階（児童生徒の能力・意欲のレベルが低い場合）

　行動の仕方を具体的に指示し，行動を促します。どう活動すればいいか，ほかの児童生徒とどうかかわればよいか戸惑う状態のとき，やり方を個人的レベルで，手本を示して，一つ一つ教え，やり方を理解させます

2）説得的リーダーシップ

——少し慣れてきた段階（ややレベルを高めてきた場合）

　教員の考えを説明し，疑問に応えて行動を促します。少し慣れてくると，児童生徒は自己中心的な行動をしがちで対立も多くなります。このようなとき，なぜ課題に取り組むか，なぜこのように行動すべきか，なぜそのようなルールが必要かを詳しく感情面も含めて説明し，児童生徒に納得させます。児童生徒が抵抗なく取り組めるように，個人的レベルと並行して，集団全体の前でも十分に対応する必要があります

3）参加的リーダーシップ

——自律的に行動させ始めの段階（さらにレベルを高めてきた場合）

　自律性を促す激励をし，考えに合わせ環境を整備して行動を促進します。教員が「こうしなさい」と上から指示を出すのではなく，児童生徒のなかにメンバーとして参加し，リーダーシップをとっている児童生徒，自律的に行動しようとしている児童生徒をさりげなくサポートし，集団のまとまり，協働活動の推進を水面下で支えていくのです。教員は一歩引いた形で活動に参加しながら，児童生徒の協働活動を陰で支え，児童生徒に「自分たちでできた」という自信と経験を育成していきます

4）委任的リーダーシップ

——自律的な行動を定着させる段階（自律性を確立してきた場合）

　行動の仕方の権限や責任を委譲し，主体的に行動させます。児童生徒が自分でできる内容は思い切って任せ，教員は全体的，長期的な視点でサポートします。児童生徒だけでは対応できない問題には，解決策のヒントをアドバイスするのです。教員が仕切れば早く・確実にできますが，それを抑えて，児童生徒の自律性・主体性を育てていきます

よりよい集団に関与させ，資質を学び取ることを支援する

　協働的な学級集団の構築と活動に強い関与をさせ，それらの資質を体験学習できるようにすることが教員の役割です。最初はできそうな手厚い足場をつくり，徐々に支援を減らしていき，最終的に，自治的な学級集団，主体的に協働的に行動できる学習者，を育成するのです。

表1　自治的集団までの5段階

目安となる時期					(1学期)	
					4月	5-6月
集団の発達段階／安定度と活性度				第一段階	混沌・緊張期	小集団成立期
					不安定（②）	不安定・流動（②〜③）
					不履行・停滞（❶〜❷）	停滞（❷）
集団を育てる方針					Ⅰ．学習の基盤となる集団の安定度を一程度確立する	
ルールの確立	A 自律性の確立	B 協働に関する意識とスキルの確立	C 普遍化信頼の形成	D 学級集団の目的の共有化	行動を促すルールを設定する（理解を促し，行動原則を定める）	ルールに沿った行動が，周りから承認されるようにする
リレーションの確立					対人行動をとれる型と場を設定する（不安のペアリングを予防する）	建設的な対人行動をとれた経験を積み重ねていく
協働活動の設定					敷居の低い小さな協働活動を設定する	班活動・係活動を活用して，協働活動の意義とスキルを定着させる
指導行動の調整					教示的な指導行動を徹底する	説得的な指導行動を徹底する

実態を踏まえ，スモールステップで

　学級集団づくりは，代表的な発達過程を目安にしながら，自治的な状態に接近していくように進めます。

　実際には，現状から少しでも発達過程が進むように展開します。

　学級編成替え後の，平均的な学級の一年間の学級集団づくりの目安として，1学期で第1,2,3段階，2学期で第3,4,5段階，そして3学期に第5段階の取組みになることが理想的です。次に各段階の解説をします。

	6-7月	9月	（2学期） 10-11月		12月	（3学期） 1月以降
第三段階	中集団成立期	第四段階	全体集団成立期	第五段階	自治的集団成立期	
	流動・固定（③〜④）		固定・安定（④〜⑤）		安定（⑤）	
	遂行（❸）		遂行・活用（❸〜④）		活用・創造（④〜❺）	
	Ⅱ．学習が主体的・協働的に展開できるように活性度を高めていく					
3	学級での協働活動や協働学習は，児童生徒が自分事として取り組めるように，「事前の計画段階」「遂行段階」「事後の振り返り段階」の3点をセットにして活動させる	4	ルールの理念・価値観はしっかり共有し，ルールに沿った行動は自分に合った多様な方法でできるようにする	5	内在化したルールの理念・価値観のもと，自分の特性や思いが生きる方法で行動できるようにする	6 「事前の計画段階」「遂行段階」「事後の振り返り段階」を，児童生徒が対話をしながら，遂行させていく
	共通の趣味や特性をもつ級友以外の級友とも，交流できるようにする		似たタイプの他者に対する感情面の共感だけではなく，考え方や趣味・興味が違うタイプの級友とも，相手の気持ちや考え方を検討して理解しようとすることで，協働する喜びを得られるようにする		価値観やタイプの違う者同士が，相互に受容ができるようにする	承認感だけではなく，有用感も実感できるようにする
	学校行事を活用して，全体で協働活動をする意義とスキルを定着させる		学校行事を活用して，全体で協働活動をする意義とスキルを自律的に獲得できるようにする		協働活動での問題点について，次に生かす形で検討できるようにする	協働活動や協働学習がマンネリ化しないように，定期的に刺激を与えていく
	参加的な指導行動を徹底する		可能な限り委任的な指導行動に移行させていく		委任的な指導行動をとっていく	委任的な指導行動をとりながら，ポイントに気付かせていく

6 1学期の取組み（一年間の進め方②）

　1学期は，協働活動や協働学習の基盤となる集団の安定度を一程度確立するために，第1，2，3段階の達成を目指します。

　　安定度の，確立が第1段階

　　　　　　　定着が第2段階

　　　　　　　習慣化・活性度の準備が第3段階　の流れです。

　4月に第1段階，5，6月に第2段階，6，7月に第3段階までが理想です。

| 4月 | **第1段階の達成を目指す取組みの留意点** |

　学級が組織されてすぐの時期は，児童生徒は対人関係に不安があり，どのように振る舞えばいいのか戸惑っていることが多いものです。こういう時期は，最初から教員が指示するだけで行動させることは難しいのです。

　行動の前は，教員が手本を見せてしっかり行動の仕方を教え，そのうえで行動を促すことが必要です。第一歩を不安や緊張を軽減しながら歩めるようにします。無理のないルールを定め，そのルールに沿った簡単な協働活動を設定して，行動する型を教えて交流させ，その過程で少しずつリレーション形成ができるようにしていくのです。

| ルール | 行動を促すルールを設定する——理解を促し，行動原則を定める |

1-1　「理想の学級集団の状態」をみんなで出し合う。その公約数をまとめて「学級目標」を作成し，目標を達成するためにみんなで守ることが必要なルールを設定する

1-1-1　ルールは児童生徒に提案させて，みんなで選定していく

1-1-2　行動原則がブレないように，学級目標とルールは5つ以内にする

1-1-3　ルールが自分事となるようにする。いろいろな場を捉えて，ルールの意味を具体的に説明する

リレーション　対人行動をとれる型と場を設定する（不安のペアリングを予防する）

1-2　人は不安が高いときは身近な人と固まり，非建設的な行動をとりがちになる。固まらないように複数の班に所属させ，定期的に交流させる

1-2-1　あいさつなど基本的なソーシャルスキル，「私は○○です。Ａさんはどうですか？」などのひな型を教え，ルーティン的な交流をさせる

1-2-2　話し方・聞き方のひな型に沿って，認め合い活動を定期的に行う

協働活動　敷居の低い小さな協働活動を設定する

1-3　係活動・給食活動，生活班活動，学習班活動での各役割と行動の仕方をパターン化して丁寧に教える。いろいろなメンバーと，同じように交流できるようにする

1-3-1　活動の前に短時間のゲーム的活動を取り入れ，緊張を緩和する

1-3-2　学級活動の時間に，構成的グループエンカウンターを節目節目で取り入れて，少しずつリレーション形成を図る

指導行動　教示的な指導行動を徹底する

1-4　ルールの逸脱に対しては，禁止・叱責ではなく，どのような理由から，どのような行動を取ることが望ましいかを理解させる。これから具体的にどう行動するか確認し，行動を促す

1-4-1　自己開示的に児童生徒と接する。教員とのリレーションを形成する

1-4-2　教員も学級のルールを守ることを明言し，実行する

1-4-2-1　教員が守れなかったときは，率直に謝る。次からはどうするかを明確にして行動する

> 4月（第1段階）は，以上の取組みを展開します。混沌としていた学級集団の状態に，少しずつ学級規律が形成されます。それとともに，児童生徒の対人関係の緊張も薄らいでいって，徐々にルールに沿った交流ができるようになっていくのです。

第2段階の達成を目指す取組みの留意点

　学級目標と規律が徐々に意識され始め，児童生徒同士の交流も増えます。ただし，前向きに行動しているのは学級の1，2割です。この時期は，児童生徒の交流が気心の知れた小集団内に閉じないように，学級目標と規律に沿った行動が学級内に定着するようにしていくのです。目標は3割です。

　意識性の高い児童生徒の行動が認められ，学級全体に広がるようにします。「みんなもやっているからやろう」というレベルでもいいので行動を促して，行動後にその意味が理解できるようにしていきます。

ルール　　ルールに沿った行動が，周りから承認されるようにする

2-1　学級目標を具現化するルールに沿った行動をしたとき，それが周りから承認されたという経験を随伴させる。行動を強化して，自律的な行動を定着させていく。「やらされているのではなく，自ら取り組むのだ」という意識の下で広げていく

2-1-1　教員もルールに沿って行動するモデルを積極的に見せていく

2-1-2　児童生徒がルールに沿った行動をした際，タイムリーに認める

2-1-3　ルールに沿った行動をしている児童生徒を，周りの児童生徒のモデルとする。その行動の適切さ，どうルールに沿っているか解説する

2-1-4　ルールの対応に例外をつくらないようにする

リレーション　　建設的な対人行動をとれた経験を積み重ねていく

2-2　小さい集団でリレーション形成を確実に図る。メンバー構成を変えながら，それを広げていくようにする

2-2-1　班活動などの小さな活動で認め合い活動を設定する。相互に承認感を高めていくようにする

2-2-2　小集団活動で承認を得られるソーシャルスキルを学習させる

2-2-2-1　集団生活のマナー（責任，対人配慮）や，他者へのストローク（関心を示すなど）の出し方を教え，定期的に活用する場を設定する

協働活動 班活動・係活動を活用して，協働活動の意義とスキルを定着させる

2-3 班活動・係活動を用いて，ルールに沿った行動の遂行を促す。それを承認される経験を積み重ねさせる

2-3-1 少人数の役割行動が主になるこれらの活動は，相互の役割内容がわかるので役割遂行が促され具体的に評価し合える。これを徹底する

2-3-2 班活動・係活動の役割はローテーションし，違う役割を経験させる。新たな視点，各役割の苦労を理解させ，リレーション形成を促す

2-3-3 プラスの評価は他者から，マイナスの評価は自分から言わせて承認感の獲得と責任感の形成を促す

2-3-4 人の好き嫌いの感情で，行動に差を付けるのは幼児的であることを理解させる。協働の意義を実感させる

指導行動 説得的な指導行動を徹底する

2-4 少し対人関係に慣れると，一気に関係性を深めようとして，共通の敵をつくって陰口を言うなど，閉じた小集団行動をとりがちになる。このことを語り，理解させ，多様なメンバーで認め合い活動を促進する

2-4-1 承認感がもてないと引き下げの心理が発生し，非建設的な行動が多くなる。小さな認め合いの場を設定し，承認感を高めていく

2-4-2 陰口，悪口は，結果的に言った人の信頼が低下することを，簡単なたとえ話を使って説明する

2-4-3 単純なルール忘れは，その場で事務的に指摘する。ルールに沿った行動を確認して，行動させる

2-4-4 意識的なルール違反は曖昧にしない。そうする理由をしっかり聞いて話し合い，納得できるようにさせてから，行動を促す

> 第2段階は，多様なメンバー構成の小集団で，ルールに沿って行動できる児童生徒が学級の半数を超えることを目指します。集団に一定の規律が生まれ，徐々にみんなで活動できるようにしていくのです。

　学級のルールが定着し始めます。いくつかの小集団がぶつかりながら折り合いを付け，統率力のある児童生徒がいる小集団がリードして，学級の半数近くが同じように行動するようになります。ただし，意識性が高いとは限らず，非建設的に動かしていく場合もあります。

　学級開きから3か月目に入ると，慣れから行動がマンネリ化し，ルールに沿った行動も形骸化の可能性が高まります。さらに，学校行事への参加など，7，8人以上の中集団で活動するときに匿名性が生じ，意識性の低い児童生徒はやっているふりをして，集団に不協和音が生じやすくなります。ここに，非建設的に行動する児童生徒が，学級を牛耳る状況が生まれます。どんな学級風土が形成されるか，分岐点の時期なのです。

　この時期は，学級目標と規律に意識性の高い児童生徒を中心とします。学級活動のみならず，学校行事に学級全体で取り組むことを通して，組織的な行動が，学級全体に広がるようにします。目標は6割です。

　叱責されないため，文句を言われないため，みんながやっているからという理由で取り組む状態から，活動・学習の意義を理解して自ら取り組むという姿勢（ルールの内在化）を意識できるように支援します。

ルール　学級での協働活動や協働学習は，児童生徒が自分事として取り組めるように，「事前の計画段階」「遂行段階」「事後の振り返り段階」の3点をセットにして活動させる

3-1　「事前の計画段階」では，事前に活動目標と計画を立てる。役割分担と取り組む方法を明確にして共有する

3-1-1　学級会の時間をとって，目標意識（学級目標との関連，個人目標）を高めて，活動が自分事になるように落とし込む。協働する意義も理解させて，意欲と協働性を高めるようにする

3-1-2　計画は，目標達成のイメージを明確にもたせる。逆算して，2週前まで，4週前まで，の途中の目標・目安，という具合に，マイルストーン（達成するまでの区切りとなる中間段階）を立てて見通しをもたせる

3-1-3　活動方法は，計画に沿って，何を，どのような方法で，どうするかを，具体的にあげる。取り組む際のルールを設定して，共有させる

3-1-4　役割分担は，各役割の内容，責任範囲，期待される行動・無責任となる行動について，教員が一つ一つ説明し，全員で確認させてから行う

3-1-4-1　すべての役割の遂行が，全体の目標達成にどのように貢献しているか説明する。どの役割が欠けても機能しないことを理解させる

3-1-4-2　副班長のような役割内容が曖昧になりがちな役割は，基本的につくらない。つくる場合は，特に役割内容を明確にする

3-2　「遂行段階」では，時間管理や各段階での達成度の確認を確実に行いながら，集中して取り組ませる

3-2-1　定期的に，小さい部門ごとに役割遂行状態の確認をさせ，それをリーダーに報告させる。成果は全員がわかるように掲示（可視化）する

3-2-1-1　プラス面も確実に報告させ，みんなから承認されるようにする

3-2-2　各部門の問題，部門間の連携の問題が生じたら，どのように話し合うかのしくみをつくっておく。問題を先送りにさせない

3-3　「事後の振り返り段階」では，個人的な振り返りの後，学級集団としての振り返りを行う。学級全体の一体感を実感させる

3-3-1　個人の振り返りでは，目標と達成度を踏まえて，問題点を出し，その原因と今後の改善点を明確にさせる

3-3-1-1　今回の協働活動の取組みの，自分にとっての意味を考えさせる

3-3-2　学級全体の振り返りでは，まず，部門内で，互いのメンバーの貢献した点を表明し合わせる

3-3-3　次に，ほかの部門で全体に貢献した部門や，部門間連携を支えた人，全体の雰囲気を明るくするなどの組織風土づくりに貢献した人，さりげなく仲間をサポートしていた人など，直接的な成果を上げたわけではないが，集団活動になくてはならない人にスポットライトを当てる。みんなで承認することで，全体の向社会性や愛他性を高めていく

3-3-4　最後に，学級集団として，活動した意味を考えさせ，協働の意義
　　　（協力できた喜び・支え合った嬉しさ・みんなでやったからこそできた
　　　充実感など）の実感と集団との一体感をもてるようにする

リレーション　共通の趣味や特性をもつ級友以外の級友とも，交流できるよ
　　　　　　　うにする

**3-4　安心を得るためのいつもの閉じた集団のメンバーとの交流から，普
　　　段かかわりの少ない児童生徒とも，交流できるようにする**

3-4-1　学級内の人間関係の不安感を低下させる支援を行う。座席近くの
　　　2人組や4人組の緊張緩和の学習ゲームなどを実施する

3-4-2　ふだん一緒にいない児童生徒でグループを構成し，エンカウンタ
　　　ーのエクササイズ（サイコロトーキングなど）で交流の接点をつくる

協働活動　学校行事を活用して，全体で協働活動をする意義とスキルを
　　　　　定着させる

**3-5　学校行事に学級で取り組む際は，中集団（小集団の建設的な連携）
　　　に分割して取り組むことが多い。その組織体系のしくみ，個人的な参加
　　　の仕方・連携の仕方，役割交流のあり方を体験学習させていく**

3-5-1　中集団の活動は，匿名性が発生し，手を抜きやすくなる。それを
　　　自ら押さえ，建設的に行動していくようになるためには，学級目標や規
　　　律の内在化が不可欠である。いろんな機会を捉え，活動の意義を理解で
　　　きるようにする

3-5-2　リーダーシップの発揮，集団への能動的な参加や，能動的な援助
　　　行動など，中集団活動で必要なソーシャルスキルを教え，体験させる

指導行動　参加的な指導行動を徹底する

**3-6　より自律的な行動が求められる中集団活動を，横から支える。児童
　　　生徒たちでやり遂げたという自信を形成していく**

3-6-1　教員の言動に一貫性をもたせる。児童生徒が自律的に行動してい
　　　て迷ったときに，「先生ならたぶん○○と言うだろうな」と想定でき（学
　　　級のルールの内在化），自己判断ができるようにする

2学期は，一程度の安定度の確立を前提にした協働活動や協働学習が展開できるように，活性度も高めていきながら，第3，4，5段階の達成を目指します。

活性度の，準備が第3段階

準備・促進が第4段階

促進が第5段階　の流れです。

9月に第3段階，10，11月に第4段階，12月に第5段階までが理想です。

9月　第3段階の達成を目指す取組みの留意点

1学期の終わりで，中集団成立期の状態を達成し，一定の安定度が確立されましたが，夏休みをはさんで学級集団の状態は，1,2割退行するのが一般的です。

そこで，9月は再スタートの時期と考え，2学期のスタートにあたって，学級の委員や係活動などの組織づくり，学級目標の微修正，2学期の生活や学習目標を立てることを通して，中集団成立期までの状態の再確立に取り組ませていきます。学級目標とそれを具現化するルールに沿った行動の仕方，協働活動・学習の意義とスキルの再確認をしていくのです。

ただし，4月の時点と違うことは，教員主導で取り組んだことを，9月では児童生徒で取り組めるようにしていくのです。

ここからルールの確立や協働活動や協働学習のスキルの再確認を，より児童生徒が自律的にできるようにしていくことが，教員の役割です。したがって，自律性支援をより徹底して，達成水準を戻し，さらに学級集団の発達過程が促進していくように支援していくのです。

この段階の教員の対応は，児童生徒の行動の仕方の質がより自律的になることが目的ですから，その指導はより丁寧に展開することが必要です。

学校行事の多いこの期間に，第3段階の「事前の計画段階」「遂行段階」「事後の振り返り段階」の流れを，児童生徒が相互に対話をしながら，全体で遂行できるようにしていきます。取り組む過程で生起する様々な人間関係などの問題を，しっかり直面して問題解決に取り組むことが大事です。その結果として，より自律性と協働性が高まるのです。

問題解決の取組みを，ヒントを与えながらも自分たちで解決していけるように，促していくのです。

以下，第3段階と質的に変わっていく点を解説します。

 ルールの理念・価値観はしっかり共有し，ルールに沿った行動は自分に合った多様な方法でできるようにする

4-1 行動する価値観をしっかり理解できるようにする。行動の形は同じではなくても，共感し合えることを理解させる

4-1-1 すべての児童生徒の特性が生かされる方法論を用意して，自己選択させて取り組ませていく

4-1-1-1 他者はなぜ自分と違う方法を選択したのかを考えることによって，他者理解をする視点をもてるようにする

4-1-2 他者のよい取組みを能動的にモデリングできるようにする

4-1-2-1 自分のよさに他者のよさを加えることによって，より大きな成果につなげることができることを気付かせる

リレーション 考え方や趣味・興味が違うタイプの級友とも，相手の気持ちや考え方を検討して理解しようとすることで，協働する喜びを得られるようにする

4-2 個人間の違いを受け入れたうえで，交流を通して新たな発見や気付きが得られる体験をできるようにする

4-2-1 自分と価値観やタイプの違う他者の考えや行動の仕方のなかにも，学びがあることを理解させる

4-2-2 社会的障壁について理解を広げる。他者の社会生活や社会参加へ

の援助や配慮が能動的にできるように支援する

4-2-2-1　無理解が無意識の差別につながらないように，学習させる

4-2-2-2　社会的障壁や合理的配慮の考え方を学級に広げ，他者への受容性を高めていく。例えば，障害のある人が，社会生活を営むうえでその人にとって障壁となるもの（例：車いすを使って生活する人には通路の段差が移動の障壁となる）がある場合に，周囲の人々が必要な援助をすることで，障害のある人が健常者と同じように生活・活動できるようになるという考え方が近年社会で広まりつつあることを新聞記事などで説明したり，実生活で機会があれば実践したりする

協働活動　学校行事を活用して，全体で協働活動をする意義とスキルを自律的に獲得できるようにする

4-3　型にはまった成果を目指すのではなく，児童生徒の多様性を生かした，創造的な成果を大事にする

4-3-1　課題に対する取組み方には，価値観に応じたいろいろな方法があることを理解させ，それを生かす形で取り組めるようにする

4-3-1-1　活動のプロセスを大事にして取り組めるようにする

4-3-1-2　いろいろな児童生徒がリーダーシップを取れるようにする

指導行動　可能な限り委任的な指導行動に移行させていく

4-4　教員が直接指導するのではなく，児童生徒同士が協働しやすい環境やしくみを用意して，自分たちでできるように支援する

4-4-1　成果の達成と同じくらいに，取り組むプロセスを重視させる

4-4-2　ルーティンな活動（清掃など）こそ，取り組む意味をしっかりと考えさせる

> この時期（第4段階）は，児童生徒の行動が形よりも，より自律的動機で行動できるように，より多様な級友とも協働できるように，質的に深めていく段階です。教員は，児童生徒の行動したことの意味や価値を，節目節目で語り，内在化を強化していくことが求められます。

| 12月 | **第5段階の達成を目指す取組みの留意点** |

　自らの行動や学級全体の活動の過程や成果について，多様な視点から振り返ります。これが，多様な児童生徒の受容と協働につながるのです。4つの領域について，第4段階と変わっていく点を解説します。

| ルール | 内在化したルールの理念・価値観のもと，自分の特性や思いが生きる方法で行動できるようにする |

5-1　他者の行動の意図や意味が，共感的に理解できるようにする

5-1-1　認め合い，語り合いの場を設定し，他者にプラス面をフィードバックできるようにする

| リレーション | 価値観やタイプの違う者同士が，相互に受容ができるようにする |

5-2　自分と価値観やタイプの違う他者が何を考えているのかを，相手の枠組みで想像する力を育成する

5-2-1　道徳の副読本や物語で自分とタイプの違う人物の気持ちを洞察する練習をさせる。「みんな違って，みんないい」の実感をもたせる

| 協働活動 | 協働活動での問題点について，次に生かす形で検討できるようにする |

5-3　特定の人の善悪ではなく，問題を事として考えられるようする

5-3-1　「○○が勝手にやったから失敗した」と個人の責任を追及するのでなく，取組み方の検討が至らなかった原因と今後の対応を話し合う

| 指導行動 | 委任的な指導行動をとっていく |

5-4　振り返りのときに，自分の思いとして語り，気付かせるようにする

5-4-1　「私は，○○について，〜の理由から，□□を大事にしたいと思います」とＩ（アイ）メッセージで語り，児童生徒の気付きを促す

> 　活動の結果だけではなく，過程の意味や意義を理解する，このなかで，弱い立場の児童生徒のことも思いやれるようにするのです。

　3学期には，安定度と活性度も一定度確立し，児童生徒も自律的に協働的に行動できるようになっていきます。この時期は，学級内での活動や行事への取組みは，児童生徒で自治的に運営できるように任せていきます。

　1年間のまとめの段階であるこの時期は，第5段階で活性度の促進が課題になります。建設的な相互作用が活性化した協働活動・学習のプロセスでの体験が，深い学びとなるようにしていくのです。

1-3月　**12月の第5段階の取組みに加えるべき点**

ルール　「事前の計画段階」「遂行段階」「事後の振り返り段階」を，児童生徒が対話をしながら，遂行させていく

5-5　全体集団での活動は，いくつかの中・小集団に役割分割して行われることが多い。「全体」「中集団」「小集団」「個人」の流れを，目的に沿って統合し，適切な行動を，自分たちでできるようにする

5-5-1　自分の目標達成が各集団の目標達成とつながっていると考えられて，行動できるようにしていく（エンゲージメント）

5-5-2　自分の部門の目標達成だけを優先するのではなく，全体の目標達成のなかに自分の部門を位置付けて考えて活動できる，各部門間の相互作用のメカニズムを理解できるようにする（システム思考）

リレーション　承認感だけではなく，有用感も実感できるようにする

5-6　個人間での相互の受容や承認の喜びだけではなく，学級全体に貢献できた，必要とされた自己有用感の喜びをもてるように支援していく

5-6-1　振り返りのときに，児童生徒の取組みに対して，チームワークを支える意義について価値付けをする

| 協働活動 | 協働活動や協働学習がマンネリ化しないように，定期的に刺激を与えていく |

5-7　ルーティン的な活動，匿名性が生じやすい展開，固定化したメンバー構成や役割での集団活動などに，変化を与えていく

5-7-1　掃除や係活動の意味付けを大きな視点から行い意欲を喚起する（雑巾がけをやらされている→みんなが気持ちよくなる環境をつくっている）

5-7-2　集団構成や役割分担，展開の仕方は，透明性の高いシステムを整えて，ローテーションさせながら遂行させていく

| 指導行動 | 委任的な指導行動をとりながら，ポイントに気付かせていく |

5-8　情報的援助や評価的援助を，さりげなく行っていく。情報的援助とは，課題への取組みや問題解決に役立つ情報，示唆，アドバイス，指示を出してあげること。評価的援助とは，課題への取組みの状況に対して，教員が評価（基準との比較を示す，現状の継続でよければ肯定する，取組みの支障となるポイントを個人的意見として示す）を伝えてあげること

5-8-1　上から指導するのではなく，横から考え方や情報を提供し，児童生徒がそれを必要に応じて参考にできるようにする

　　自分たちの活動を確実に遂行するだけではなく，過程の意味や意義を理解する，自己有用感を実感することを通して，自己肯定感が高まるように支援するのです。今後，学級編成替え後も，自分なりにやっていけるという自信を高めていくのです。

```
Tips    学級集団のもち上がりの効果
```
　学力テストの成果の高い地域で，小学校5年から6年，中学校の2年から3年へと，学級編成替えをしない学校が多いのです。学級集団の発達過程が理想的なものでしたら，次年度は，学級集団でのさらに深い学びを展開できるようにするわけです。その発展型で，学級集団の育成過程を，全教員で共有して展開している学校も少なくありません。
　逆に，学級集団の発達過程が退行していく学級が多い地域では，毎年学級編成替えをして，崩壊しないように対処している場合も多く見られます。

感情交流メインのグループ体験

だれもが交流できるようにする

　自治的な学級集団を育成していくには，すべての児童生徒が協働活動に主体的・自律的に参加できるようにする必要があります。ただし，親和的な学級集団においても，協働活動の児童生徒の参加度合いに，ばらつきが見られることはあります。意欲的に参加できる児童生徒も，そうでない児童生徒もいるのです。活動に参加できにくい児童生徒は，活動に対して，あるいは交流することに対して，不安感や緊張感をもっていることがあります。実態に応じた支援がなされないために，いつまでも集団活動や交流に参加できないケースも少なくありません。

　学級集団づくりにおいては，緊張緩和の交流活動を行って対人関係に慣れるようにしたり，集団が成熟している場合も内面の感情や価値観の交流を伴う自己開示を促す交流活動を行ったりすることが必要です。

集団が未成熟なとき──緊張緩和の交流活動例

　教員の動かす右手と左手が重なった瞬間に，児童生徒が手を叩く手遊びを例にあげます。ルールが簡単で参加しやすく，全員の動きが揃うと一体感を感じることもできます。

　ポイントは，児童生徒が集中して取り組めるように，教員が実態に応じて難易度を調整することです。集団が未成熟な状態では，参加意欲などにばらつきがあり，見ているだけで手遊びに参加しない児童生徒もいます。

　例えば，児童生徒がリズムよく手を叩いているときに，教員が「みんなよく集中しているね」と声かけし，その直後に教員が手の動きを止め，緩急を付けることで，集中して児童生徒たちが取り組むようになったり，間違ったときに笑いが起こったりします。参加している児童生徒はもちろん，そんな学級の様子を見て，参加していない児童生徒の不安感や緊張感も緩和されるのです。

集団が成熟しているとき——自己開示を促す交流活動例

　集団が成熟するにつれて，交流活動のなかの自己開示の質を高めていきます。集団が成熟し，ほとんどの児童生徒が建設的に活動に参加できるようになっても，内的な欲求を無理に抑えて外的な期待や要求に応えて活動している児童生徒もいます。「期待や要求に応えなければいけない」という過剰な思いを軽減するには，安心できる環境や関係性のなかで，ありのままの自分が受け入れられる体験が必要です。

　ここでは，二者択一が活用できます。エクササイズの展開例としては，「寂しいときにしたいのは，"友達と遊ぶ"それとも"温かいストーリーのアニメを見る"のどちらですか。一つを選んで，その理由を話し合いましょう」と伝えます。自分の体験や思いが話しやすいテーマ設定をすることで，自分の内面の感情や価値観を語れるようにします。

　ポイントは，話し手の児童生徒が「自分の内面の感情や価値観を語り，共感される」体験ができるように，聞き手の児童生徒が発言を共感的に受け止められるかどうかです。例えば，「話している人の話していること，感じていること，経験していることから，相手の思いを理解するようにしましょう。そして，その理解したことを話している人に確認してみます。例えば，友達と遊ぶと答えた人が"一緒にいると寂しくないから"と言ったとします。"友達と一緒にいると寂しくないってことだね"などと伝えて相手に理解したことを確認してみましょう」と伝えます。

　このような確認をするのは，最初は難しいかもしれません。しかし，繰り返し実施することで，話し手の児童生徒は内面の感情や価値観を語るということと，話してみたら共感される体験を同時に味わうことができるようになっていきます。「自己開示をして共感される」体験は，ありのままの自分が受け入れられる体験そのものです。ありのままの自分が受け入れられる学級の雰囲気は，一人一人が自分らしく学校生活を送ることにつながります。そのような学級において，すべての児童生徒が協働活動に主体的・自律的に参加できるようになるのです。

思考交流メインのグループ体験

思考交流を促すグループ体験のイメージ

　グループ活動を通して思考交流を促すためには，まず児童生徒が自分の意見をもっている状態をつくる必要があります。話合いのテーマを提示して，「さあ，始めてください！」という掛け声ですぐに４，５人のグループ活動に入ろうとする先生がいますが，児童生徒は，テーマについての考えがまとまっていない段階でいきなり発言を求められる状況となり，緊張感を強めてしまいます。「何か言わないと」というプレッシャーや，「間違ったことを言ってしまうとよくない」という不安が続くことにより，グループ活動自体を嫌いになる子が出てきてしまうのです。

　このような場合，起こりうる不安をあらかじめ払拭し，「私でも参加できそうな気がする」「ぼくの意見も聞いてもらいたいな」といった期待を高めていくことが重要です。例えば，活動の前に個人で数分考える時間をとる，ペアになってお互いの意見を確認してからグループ活動を始める，といった工夫が考えられます。授業のテーマも，誰でも答えられそうな活動から，少し考えたり悩んだりすることで解決できそうな活動へと順を追って課題を設定し，集団が成熟するにつれて，活動の自由度を高めていくことを意識するとよいでしょう。

集団が未成熟なとき――緊張緩和の思考交流活動の例

　例えば，"四つの窓"を例にあげます。「季節でいうと，春・夏・秋・冬の４つのなかでどれがよいと思いますか。一つを選び，その理由を話してみましょう」といった，誰もが親しんでいるテーマを考えることを通して，自分と他人の意見の違いを，実際の体験から理解していきます。

　ポイントは，教員が集団の状態に合わせて望ましいモデルを示せているかどうかということです。未成熟な状態の集団では，児童生徒の意欲やスキルにばらつきがある可能性があり，本音を出すことに抵抗を覚える児童生徒が多く在籍します。そこで，教員自らがモデルとなり，自己開示をしていきます。「○○（名前）です。私は秋が好きです。理由は，収穫の秋

ということで，いままでがんばってきたことが実を結び，成長を実感できる季節だからです。以上です」。

このように，話し方のひな型や話す内容，長さなどの情報があらかじめわかると，児童生徒は安心して発言することができます。教員の形式を真似しながら，意見の出し方についての練習を繰り返すことで，自己開示をスムーズに行っていくことができるのです。

集団が成熟したとき──合意形成の思考交流活動の例

学級の自治性が高まるにつれて，課題の難易度を上げていきます。例えば“無人島SOS”は，無人島から生き延びるために必要な道具について，優先順位を決めていく活動です。「私はマッチが必要だと思いました。焚火を明かりに，猛獣から身を守れます」というふうに，選んだアイテムと理由を述べていきます。誰かの意見に合わせれば丸く収まる，と考える者が1人でも存在すると，全員で生きて帰ることは難しくなります。より緊急性の高い状況で必要となる自己主張の仕方や，合意形成のあり方を学んでいけるかどうかが鍵となります。

ポイントとしては，普段の友人同士の力関係や，個々の能力差に左右されないよう，グループメンバーに役割を設定し，活動上のルールを決めておくことです。例えば，4人グループで話合いをするとして，いつも発言する積極的な子ばかりにグループ活動の進行を任せてしまわないよう，1人1役を設定しておきます。「誕生日で一番早い人から，司会係さん，発表係さん，記録係さん，配り係さんとしましょう」。こうすることで，メンバーに公平性をもたせながら取り組ませることができます。さらに，司会係はなるべく多くの児童生徒に体験させることで，すべての人へのリーダーシップの意識づけが可能となります。「苗字のあいうえお順で早い人から」「都道府県で生まれが北に近い人から」など，ルールに多様性をもたせることで，ランダムに司会が当たるように工夫することも一つの方法です。

このような役割遂行は繰り返し体験させることにより，対話に主体性が生まれやすくなります。グループ活動の過程を面白いと感じるようになり，結果として，学びへの内発的欲求が高まりやすくなるのです。

9 学習や活動への自律性を高める指導行動

　児童生徒の自ら学ぶ力を育成するために，教員は，状況に応じて指導行動を変えていく，様々な学習場面に足場かけを設定していく（「スキャフォールディング」と「フェーディング」を組み合わせる）ことが大きな方針です（p.44参照）。

　このための代表的な指導行動について，本項で「学習や活動への自律性」にかかわるものを，次項で「協働学習の活性化」にかかわるものを整理して解説します。

自律性を高める1 　自律的な動機をもって，自己決定できるようにする

① 自分事と感じられるようにする・精緻化させる

　学習内容について，個人的な知識や経験と結び付くように説明して，自分事の問題や課題として，自分なりにやるべきことと考えられるようにします。精緻化とは，自分が学んでいることについて自分の言葉で詳しく説明することです。話させることによって，より自分事になっていくのです。

② 成果のメリットを理解させる

　学習や活動に取り組んだ結果としてもたらされるメリットや，取組みへの自分なりの意味を，具体的に説明して理解させます。「やってみたい」という思いを高めるのです。

③ 学習や活動の内容を構造化して，「できそうだ」という見通しを高める

　「できそうだ」という見通しを高める方法は2つあります。

　1）体制化する

　　学習や活動の内容について，児童生徒が取り組みやすいカテゴリーに分類します（類似しているものをまとめる等）。複雑に見える課題をシンプルな課題のように感じられるようにして，「これならなんとかやれそうだ」という意識を高めます

2) シェーピングする

　　学習活動の内容を取り組みやすいようにします。現状から簡単にで
きる易しい内容のレベルから目標とするレベルまでを，徐々に難しい
内容に至るように，細かなステップに分けて構成するのです。最初
のステップから一つずつ達成し，「できた」という実感を少しずつ高
めていきます。「できそうだ」という見通しも高めながら，段階的に，
大きな最終目標に取り組めるようにしていきます

④　意識して選択する場面を設定する

　身近なことから自ら考えて選択する場面を増やしていきます。自分で選
択することに慣れるようにしていくのです。

　最初は，教員が複数の選択肢を出して，児童生徒が選択します。その後，
選んだ理由を聞きます。その児童生徒の考えを引き出してあげることを第
一に，受容的に穏やかに尋ね，聞いてあげることが大切です。

|自律性を高める2|　自信をもてるようにする

①　体験したことへの意味付けをする

　児童生徒の活動は常にうまくいくとは限りません。結果を評価するだけ
では，自信につながりにくいものです。

　児童生徒が直面した出来事や物事には，「一つの貴重な経験」として，
教員が建設的な意味や理由を付けてあげます。その出来事を体験したこと
に，児童生徒が意義や価値をもてるように，言葉にして伝えるのです。こ
のような意味付けは，児童生徒が学習や活動に「なぜ」取り組むのかとい
う意味をもたせて，建設的な行動を促します。

②　価値付けをする

　価値付けとは，教員が，理想とする行動を言語化して，よいこと・評価
されるべきことを明確にして児童生徒に伝えて，行動の生起を促すもので
す。

　「何のため」に取り組むのかという学習活動の価値をもたせることで，
児童生徒の建設的な行動を促します。取り組む必要性に気が付かなかった

り，取り組む意欲が乏しかったりする児童生徒に対して，学習や活動の価値を理解させ，取り組む意欲を喚起し，行動化につなげるのです。

［自律性を高める3］ いろいろな学習方略を教え，適切に選択できるようにする

　学習方略のレパートリーが少なく，ワンパターンのやり方をとることが多い児童生徒には，機会を捉えて，いろいろな方略を教えてあげることが大事です。また，ほかの児童生徒がどのような学習方略を活用しているかを，紹介し合う場の設定もいいでしょう。こうした取組みが，どのような学習方略を活用しているかを意識することにつながり，自分の学習方略の選択の指針になっていくのです。

［自律性を高める4］ 計画の立案や振り返りは教員と一緒に行い，やり方を身に付けさせ，徐々に一人でできるようにする

　児童生徒は，学習に取り組む際，事前に学習計画を立てなかったり，自分の能力にマッチしていない高いレベルの計画を立てたりしがちです。さらに，新たな課題に既有の知識のどれが役に立つのかの見通しがもてず，どのように知識や技能を活用すれば効果的かが意識できず，途中で達成できない場合が多いものです。

　事前に，見通しのもち方，学習計画の立て方，知識の活用の仕方について教えて，教員がサポートしながら練習させることが必要です。さらに，自分の考えや行動をチェックする視点をもたせるため，一般的な学習活動の全体的な流れを，事前に教えてあげることも必要です。

［自律性を高める5］ 足場づくり（スキャフォールディング）と 徐々に支援を減らす調整（フェーディング）の具体例

　自律的に学習活動をする習慣を形成するなどは，よくある例です。
　最初は，一定期間，やるべき学習内容を設定し，それを日々小分けして取り組むスケジュールづくり，集中して取り組む，丸付けをして自分の学

習を振り返る，これらの一連の活動を，教員が児童生徒と一緒になって取り組んであげるのです。

　何回か繰り返して，徐々に慣れてきたら，一緒に取り組む回数を1/2にします。もう一段慣れてきたら，そこからさらに1/2にします。

　こうして，2か月経つ頃には，一人で取り組めるようになります。

　教員は，その後は，ランダムに確認してあげるといいのです。

自律性を高める6　モデリングのやり方を促進させる

　モデリングによって発達していく自己学習能力には，4つの段階があります（Schunk, 2001）。

1) 観察的レベル

　　他者の学習行動を観察することによって，スキルや方略を身に付ける

2) 模倣的レベル

　　モデルの学習行動をそのまま真似るだけでなく，モデルのより一般的な学習のスタイルや型を模倣する

3) セルフコントロールされたレベル

　　モデルを観察することなく，独自にスキルや方略を用いることができる

4) 自己調整されたレベル

　　自身の置かれた文脈や状況に応じて，獲得してきたスキルや方略を適切に調整しながら用いることができる

　これを教員が手本を見せ，解説しながら，発達させていくのです（具体的な方法は，p.82も参考にしてください）。

10 協働学習を活性化する指導行動

ここでは，「協働学習の活性化」にかかわる代表的な指導行動について，整理します。

協働学習の活性化1 リレーション形成を促進する

人は親しい人間関係を喪失するほど，周りの人は自分を支えてくれるという認識をもてなくなり，逆に脅威と見なすようになります。そして，他者から攻撃されないように，反動形成として，強がった態度や行動をとるようになります。または，かかわることを避けたりします。

こうなると，所属する集団やそのメンバーたちに協働意識がもてなくなります。また，集団における責任を感じることも乏しく，他者を軽視するような行動を取るようになります。

協働学習に取り組ませる前に，少しずつ協働活動を設定して，他者との本音の感情交流をする機会を増やし，学級内の親和的な人間関係を形成していくことが求められます（p.62参照）。

協働学習の活性化2 思考の外化（見える化）を工夫する

外化とは，自らの考えやアイデアを発話，文章，図式化，ジェスチャー等の方法で可視化することです。電子黒板などのIT機器を積極的に活用していくことも求められます。

可視化させることにより，思考が操作の対象となり，その知識についての新たなつながりを発見したりと，学習者同士の相互作用は活性化します。

協働学習の活性化3 学習者同士の思考を「つなぐ」「もどす」対応をする（佐藤，2006）

「このグループは○○という結論だけど，こちらのグループはどうかな？」と，児童生徒やグループの思考活動を，ほかの児童生徒やグループにつなげることで，相互作用が生まれるように支援していくのです。

　さらに，一つのグループの考えを学級全体につなげたり，教材の知識と
児童生徒の考えをつなげたり，前時の学習内容と本時の学習内容をつなげ
たりすることも有効です。

　「こういう考え方もあるけど，このグループはどう考えるかな？」と思
考活動を児童生徒やグループにもどして深めさせるのです。さらに，「こ
のグループの結論の根拠は何かな？」と，思考活動も資料や文献にもどし
て深めさせることも大事です。

協働学習の活性化4　学び合い活動を取り入れる（佐藤，2006）

　学び合い活動は，教員が授業内で達成すべき課題を提起して，学級内の
全員がその課題を達成するために，ほかの児童生徒に疑問点を聞いたり，
解決した児童生徒はわからない児童生徒に教えたりする交流活動です。こ
のような活動を定期的に設定するのです。

協働学習の活性化5　協働活動を通して満足感が高まるように支援する（Thorndike, 1898）

　協働活動に参加して，他者とかかわる内発的な行動や態度が身に付くの
には，活動体験の楽しさや喜びを体験することが第一歩です。

　たとえ最初はやらされたような活動であっても，取り組んでいくうち
に楽しくなり，満足感をもって終わった場合は，その後，その取り組ん
だ活動に自発的に取り組むようになるものです。これが，「効果の法則」
（Thorndike, 1898）です。

　習慣化してきた活動や学習も，人とかかわる喜びを体験することで，よ
り内発的な動機でできるようになっていきます。同時に，児童生徒間には
親しい関係が生まれてきます。そのような状態のなかでこそ，学び合いは
主体的・自律的になり，深まっていきます。児童生徒は，好きな友人や親
しい友人の行動や態度を，自然とモデリングするものなのです。

学びを加速する指導行動のツボ

11 自律性と協働性を高める教育実践のツボ

自己調整学習の要素を満たしながら高めていく

　これから提起する15のツボ（pp.74-103）は，協働活動や協働学習を通じて，児童生徒個々の「自律性」と「協働性」を高めることを目指したものです。それぞれの書き手が自身の実践経験を踏まえ，特に大切だと思うことをとり上げました。

　この提起で試みたことの最大は，児童生徒個々が，「自己調整学習の力」と「自律性」「協働性」を相乗的に高めていくとき，教員がどのような指導行動をとれば効果的な促進につながるか，なるべく学習場面に即して具体的に示すことです。かつ，どのようなプロセスで進めていくか，おおまかに見通すことです。

実態を見ながら，ふだんの学習場面で繰り返す

　学校現場では，「自律性」と「協働性」は，協働活動や協働学習を繰り返すなかで，相乗的に高めていくものです。その際，自己調整学習の三つの要素（p.10）との関連も押さえることが大切です。

　15のツボは，児童生徒の実態を見ながら，様々な学習場面において，繰り返しとり入れてください。高まりを根気よく支えていくのです。

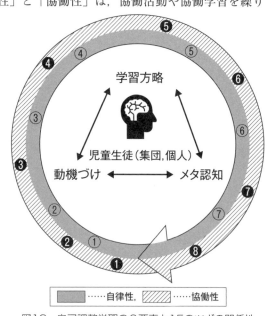

図10　自己調整学習の3要素と15のツボの関係性

72

一気に求めず，スパイラルな高まりを支援する

　15のツボ（主体性①〜⑦，協働性❶〜❽）は，次の(1)〜(4)の達成を目指して，児童生徒の実態に応じて少しずつレベルを上げながら，様々な教育実践に繰り返しとり入れてください。

　(1) 集団の安定度を高める（建設的な協働に必要なもの，安全性）

　(2) 動機づけを高める（見通しが立つこと，活動目的やゴールの共有）

　(3) 学習方略を選択する力を高める（学習活動の工夫）

　(4) メタ認知を促進する（アウトプット・自己評価・省察の支援）

表2　15のツボの一覧表

自律性を高める	協働性を高める
	❶　特定の仲間からいろいろな人とのかかわりへと広げる（p.88） ❷　自ら発言したくなる授業づくり（p.90）
①　「やれそうだ」という思いを高める（p.74） ②　見通しをもたせる（p.76） ③　自己決定をする姿を支える（p.78）	❸　学級目標を基盤にした学級経営で自己調整力を育成する（p.92）
④　自治性に応じて自己決定を促進する（p.80） ⑤　自己調整の力を「モデリング」で高める（p.82）	❹　児童生徒の交流を促す教員のファシリテーション（p.94） ❺　集団にマッチした協働を仕組む（p.96） ❻　学び合い活動を繰り返し授業のなかにとり入れる（p.98）
⑥　「振り返り」で自己教育力を育成する（p.84） ⑦　適切な評価を用いて活動を振り返らせる（p.86）	❼　多様なアウトプットによって全員参加を促す学習を展開する（p.100） ❽　問題解決のプロセスを自分たちで辿れるようにする（p.102）

自律性を高める①

「やれそうだ」という思いを高める

他者の達成行動の観察学習を促す

　「やれそうだ」という思い（自己効力感）を高める一つの方法は，代理体験です。他者の達成行動を観察学習して，「自分でもできそうだ」と感じることで，主体的な行動をできるように支援するのです。

　例えば，説明やデモンストレーションの際に児童生徒を活躍させたり，グループ活動でリーダーを活躍させたりします。そのなかで観察学習を支援していくと，周囲の児童生徒に「ぼくもやってみたい」「私にもできそうだ」というような効果が得られます。この展開は，以下のような工夫とともに進めます。

　　・朝・帰りの会や学級会などについて台本を用意する

　　・話合いの司会や書記の児童生徒と会の流れを確認しておく

　　・授業中の個別指導で自信がなさそうな児童生徒に「考えがよく書けていて
　　　すごくいい」と承認し「発表してくれたら嬉しい」と発表を促す

　ふだん承認されることや自信が少ない児童生徒も，観察学習の対象になることがあります。代理体験では，このような児童生徒への指導・支援がポイントです。モデルの児童生徒が活躍した後は，教員が全体の前で承認し，さらに，級友からもコメントをもらえる場を設定します。

言語的説得を繰り返す

　言語的説得も効果があります。やり遂げる能力があることや，達成の可能性があることを他者から言語で繰り返し説得（勇気づけ，励まし等）されることで自己効力感が高まるのです。興味深く，かつ達成できそうな活動を目の前にし，さらにその先に「教員や友人から評価される場面」があるような場合，自己効力感が高まる好機が多くなります。

　学級の児童生徒全員に毎時間，言語的説得をするのは困難です。そこで，

授業展開のなかに，児童生徒が相互に承認できるような場面を設定します。「いいところや感心したところを中心に伝え合ってみよう」と交流の視点を強調することで，学級の児童生徒全員がお互いに言語的説得を受け，自己効力感を高められるようにします。学齢が上がれば上がるほど，友人からの承認の価値が高まる傾向があります。

〈活動の教示例〉　自分が書いた授業感想を4人グループで読み合いましょう。3枚の付箋を配りますので，それぞれの付箋の上のほうに友達の名前を書きます。授業のめあてや書き方に関して「いいな」と思う部分を見つけながら友達の感想を読み，その「いいな」の部分を箇条書きで2つ以上，付箋に書きましょう（作業が終わったら，発表し合い，付箋をプレゼントする）。

実際にやり遂げられた体験をもたせる

最も自己効力感を高めるのは，「自分で実際にやり遂げられた」という達成体験です。本人ができていることや達成してきたことに着目させて，それらをさらに伸ばしていこうと思えるように支援します。

学級全員の自己効力感を高めることを目指すには，例えば，その課題について苦手な児童生徒，特別な支援が必要な児童生徒も達成できるような活動から始めます。その課題が1問あるだけでも，その授業，その単元のスタート地点での学級全体の動機づけは，無いときよりも格段に高まります。このような工夫は，「誰もおいていかないよ」「やればできるようになるよ」という児童生徒へのメッセージになります。簡単な取組みから徐々に難度を高めていくことがポイントです。

また，達成すべきことを，児童生徒に明確に伝えるのも大切です。何をがんばればいいかわからない状況や，やることが多すぎたり複雑だったりしてスタート地点で躓いてしまう状況に陥ることを，未然に防ぐのです。

〈めあての教示例〉　今日の算数授業のめあては，2桁同士の足し算の筆算ができるようになることです（達成すべきことを明確に伝える）。まずは2桁＋1桁の筆算の仕方を復習してみましょう（スモールステップ）。自信がない人も大丈夫です。まずは誰かにお手本を見せてもらいます（スモールステップとモデリング）。

見通しをもたせる

学びたくなる気持ちを引き出す

「はい，始めます」で始められるのは教員だけで，児童生徒の学びスイッチが押されていません。この状態で始めても，多くの児童生徒は授業の流れに乗ることはできません。活動のスタートにあたっては，児童生徒たちの「学びたい」という気持ちを引き出すようにします。

国際バカロレアの初等教育プログラム（International Baccalaureate Organization，2009）に探究を引き出す4つの条件が示されています。わかりやすいので紹介します。

●興味関心がある（Engaging）

面白くなければ，深く学ぶことはできません。児童生徒の興味を引き出す題材を扱うことが大切です

●関連性がある（Relevant）

先行する知識や経験，また自分の生活に関連していると思ったとき，学ぶことの意味を感じることができます

●挑戦したくなる（Challenging）

簡単にできることではなく，少し努力すればできそうなものに夢中になります

●意義がある（Significant）

学ぶ意義があるかどうか。何のためにこの授業をやっているのか，この学習が何の役に立つのか，明確であることが大切です

例えば，理科で「池の中にいる小さな生き物」の学習に入ったときのことです。「メダカが餌にしているミジンコという肉眼ではよく見えない生き物がいるんだけど，どんな生き物か想像して絵にかいてみよう」という導入の時間を5分間ほど設定しました。児童生徒から想像力豊かなミジン

コの絵がたくさん出て盛り上がりました。「本物のミジンコはどうなっているのか」と，顕微鏡を使う観察への意欲が引き出されたのを感じました。このとき，題材をどのように提示するかが重要なのだと気付きました。

これからの活動に見通しがもてるようにする

　学びたくなる気持ちを引き出すとともに，活動や学習に入るときには，見通しをもたせるようにします。児童生徒が，活動の全体像をおおよそ理解でき，「よし，できそうだ」と思わせるのが「見通し」を設定する目的です。したがって，教員は以下の6つの点について，すべての児童生徒が理解できるように話していく必要があります。

　　① これから何をしようとしているのか（課題の確認）

　　② 何のためにするのか（活動の意義や目的）

　　③ どのようにすればうまくいきそうか（方法や順序・時間）

　　④ どんなことに気を付ければよいか（ルールや注意点）

　　⑤ どのように対応すればよいか（困ったとき・終わったとき）

　　⑥ どんなところをがんばるのか（個の課題）

　そして，①～⑥を適宜児童生徒に問いかけながら活動に向かう学級全体の士気を高めていきます。例えば，「6年生でプールの清掃を行います。何のためにするのかわかりますか？」「○○さんは，どんなことをがんばりますか？」のように問い，「最上級生としての役割を果たしたい，下級生に喜んでもらいたい」「私は脱衣所のロッカーをピカピカにしたい」という，児童生徒の前向きな思いを引き出し，全体に共有させていきます。

　実態によっては，それでも「どうすればいいのかわからない」と，なかなか活動への見通しがもてない児童生徒もいます。そのときは，例えば，前年度の，映像や学習発表に使った資料，参考となる作品などを示すことで，活動に対する具体的なイメージを捉えることができ，「見通し」をもたせる支援となります。また，「見通し」をもつことができた児童生徒は，活動に対する自己効力感が高まり，「先生，早くやろうよ」と催促し始めます。活動のスタートと同時に，児童生徒たちがさっと活動し始めたときは，うまく「見通し」をもたせることができたときです。

自律性を高める③

自己決定をする姿を支える

自己決定の機会を設定しても活動が活性化しない

「次はこんなふうにやってみよう」「今回はこのことについて考えてみよう」，このように，児童生徒が自らの意志で決定して学習に取り組むことで，主体的・対話的な学びとなり，深い学びの実現に向かっていきます。

しかし，自己決定の機会を設定したものの，児童生徒の活動が思うように活性化しない場合があります。

児童生徒の自己決定を阻害する要因（状況）を改善する

そのようなときには以下の点を振り返り，改善していく必要があるでしょう。

① 学級内で発言をすることにリスクがある

児童生徒が自ら決定した内容について発言をすることで，仲間から冷やかされたり否定されたりして傷付く可能性がある場合です。このような学級の雰囲気があると，児童生徒の創造的な発言が抑制され，お互いにけん制し合うような防衛的な状態に陥ってしまいます。

このようなときには，ネガティブな発言をしないことを徹底するだけでは状況の改善には至りません。間違いから学習が深まったという経験や，他者の意見を聞くことで，新たな考えに気付くことができたという経験を通して，自ら決定した内容について発言するよさを実感することができるようにしていきます。

② 明確なゴールのイメージがない

児童生徒自身が，学習活動のゴールに対する明確なイメージをもてていない場合，教員が自己決定の機会を設定しても，学習活動はなかなか活性化していきません。

児童生徒が，自分たちの決定によって学習に取り組んだ結果，どのような目的を達成できるのか，その目的の達成にはどのような価値や面白さが

あるのかなどについて理解できることが必要です。学習活動における自己決定とは，自らがやりたいことを決定するのではなく，自ら目指したいゴールや，ゴールに向かうための方法を決定することだからです。

③　やり方のイメージがわかない

　児童生徒が自己決定をしながら学習活動に取り組む姿は一朝一夕では達成されません。教員と児童生徒とで共に活動をしながら，学習への取組みに見通しをもたせ，徐々に手を放しながら自分たちで進めることができるように支援していく過程を経て達成されるのです。

　例えば道徳の授業で，実際に自分たちで日常のなかで起こりうる葛藤場面を設定して議論を行うとします。そのためには，①誰が司会進行役を務めるのか，②どのような順序で意見を伝えたり付け足したりしていくのか，③出た意見をどのように整理してくのか等，学習のやり方の見通しについて，学級全体で共有する必要があります。学習の進め方を児童生徒と相談しながら丁寧に進めることで，学習のやり方のイメージを学級全体で共有できるようにしていきます。

④　教員の強い意図が働いている

　教員がある特定の方向に導こうとする思いが強いと，児童生徒はその思いを汲み取ろうとし，形だけの自己決定になる場合があります。例えば，複数の選択肢のなかから児童生徒の自己決定を促す場合，既に正解が決まっているような選択肢はふさわしくありません。

　選択肢のなかに正解があると感じたとたん，児童生徒の学びは，自らの内発的な興味や関心からの学びではなく，教員が想定している正解を窺うような学びになってしまいます。そうなってしまっては，選択した理由も自分の考えや思いに基づいたものではなく，正解か不正解かのみの結果にとらわれた，浅い学習で終わってしまうのです。

学級の実態に合わせて改善する

　児童生徒の自己決定を支えていくためには，以上のような自己決定を阻害する要因に気付き，学級の実態に合わせて改善していくことが求められます。

79

自治性に応じて自己決定を促進する

活動の目的があいまいだと学びは停滞する

　学習活動の目的があいまいだと，何に向かって学びを深めていけばよい
かわからず，浅い学びで終わってしまうことがあります。したがって，学習
活動のなかに自己決定の機会を設定する場合は，何について自己決定させ
るのかを明確にして，活動の内容を構成することが大切です。そして，学
級の自治性に合わせて，自己決定する内容を工夫することが求められます。

学級の自治性に合わせた自己決定の調整

① 自治性が低い：選択肢のなかから自分の立場を決定する

　学級の自治性が低い段階では，「周りがやっているので，自分もやろう」
「この活動でがんばれば褒められそうだ」など，外発的な動機づけをうま
く用いながら，学習の達成感を感じられるようにします。そして，自己決
定を促す際には，一定の枠組みのなかで学習を構成し，全体の流れに巻き
込みながら，学習を進めていきます。

　例えば，二者択一の選択肢から，学びを活性化させる方法です。自分の
考えに近いものを選択し，その根拠について学級の仲間と交流させます。
「AとBの考え方はどちらがわかりやすいかな」「あなたがこの状況にいた
ら，CとDのどちらの行動を選択するかな」など，自らの立場を選択した
上で，その理由について交流します。自ら決定した立場なので，選択した
理由も自らの考えや思いに基づいたものになります。

　児童生徒が，自分自身の考えを交流することに慣れてくれば，選択肢を
増やし，より多くの視点から考えを深めていくことも可能になるでしょう。

② 高まっている段階：学習活動の取組み方を決定する

　学級の自治性が高まるにつれ，仲間の意見をしっかりと聞くことや，話
合いに積極的に参加することなど，学習活動に対するマナーが児童生徒に

共有されていきます。このような段階では，「自分にとって価値がありそうだ」「自分の将来に役立ちそうだ」など，学習する意味を感じながら学習活動に取り組むことができるようにします。そこで，学習する意味について意識させるために，学習の取組み方を自己決定する機会を設定します。

　まず，「Aの目的を達成するためには，どのようなやり方があるかな」「Bの問題を明らかにするためには，どのような解決の方法があるかな」など，学習の目的や問題について学級全体で確認します。その上で，学習への取組み方についての自己決定を促します。例えば理科の実験において，明らかにしたい問題は，学級の全員が同じ思いをもてるようにします。そして，実験方法や実験場所は，各グループに任せて結果を出し合い，共有していきます。そうすることで，なぜその方法を選択したのか，なぜその場所を選択したのかついて当事者意識をもつことができ，学習の意味を感じながら取り組むことができるようになります。

③ さらに上を目指す：学習活動の小さな目的を決定する

　学級の自治性のさらなる高まりに合わせ，学習活動の小さな目的を決定する機会を設定していきます。学習活動の大きな目的については，学級全体で確認します。そして，その目的に向かうための小さな目的については，児童生徒自身で自己決定することができるように促します。さらにこの段階では，学習活動それ自体の面白さや興味を喚起しながら進めていくことも大切なポイントです。

　例えば国語科では，「物語文の内容を深く理解したい」という大きな目的については，学級全体で確認します。その際，掲げた目的を達成することの魅力や楽しさを共有します。そして，「表現の工夫の効果を読み取る」や「題名の意味を考えテーマに迫る」などの小さな目的については，児童生徒が自己決定しながら学習を進めていきます。さらに，各個人，各グループで明らかとなった考えを学級全体で共有し，意見の交流を通して学習を深めます。

　このように，自分たちで学習の目的を決定して学習に取り組むことで，主体的・対話的で深い学びのある学習へとつなげることができるのです。

自律性を高める⑤

自己調整の力を「モデリング」で高める

段階的に高めていく

　児童生徒の自己調整の力は，観察した行動をそのまま模倣していく段階から，セルフコントロールされ，モデルを直接観察することなく実施できる自己調整された高次の段階へと発達していきます（p.69参照）。このプロセスを，個人差はあれ，すべての児童生徒が体験できるように，教室内のモデリング（p.13参照）を活性化していくのです。

　特に，自己調整する力の未熟な児童生徒は，目標が漠然としていたり，どんな学習方法・方略が効果的か分からなかったりすることも多く，「○○さんを真似してごらん」とアドバイスを受けても，適切なモデリングができないことがあります。こういう場合でも，集団とともに高めていくという発想が効果的です。

まずは教室内に適切なモデリング行動を増やす

　例えば，授業内の発言の仕方では，はじめは，「Aさんの意見に付け足しです」「Bさんの意見のここがわかりやすかったので賛成です」等，他者の意見を受けた発言を適宜称賛（強化）して，児童生徒が観察し模倣しやすい状態をつくり出すことが中心です。しだいに，グループ活動の際にも，「Cさんの意見とDさんの意見がわかりやすかったから足してみない？」「Eさんの意見のここだけ絞って話をしてみようよ」等，他者の意見を受けて話合いを深めていくことのできる学習行動が増えていきます。

　また，教室内のモデリングを増やすため，教員は児童生徒の話合いの仕方をキャッチして，「1班は違う意見を比べて話し合っているね」「2班の話合いでは意見を絞ってからまとめに入っているね」と学級全体に伝えます。話合いの最中であっても，このようにモデルとなる学習行動に注目させことがポイントです。

しだいにルールに気づかせ，高次の自己調整へ

　級友の行動をそのまま模倣しているだけでは，自律性の向上につながりません。活動の背景にあるルール（規則）に気が付けるかどうかがポイントです。高次の自己調整の力は，モデリングの過程で，いくつかのルールについて学ぶことで，高まっていきます。

　ですから，自分自身でモデル（級友）の学習法の背景にあるルールを深く考えるように，ことあるごとに，繰り返し支援していくのです。

モデルに返された反応を手がかりにさせる

　ルールに気付かせるには，一つは，自分と級友の学習法の違いに目を向けさせることです。調べ学習で情報収集した成果を発表する際，「Ｆさんの発表が分かりやすかった」「Ｆさんは課題を上手にまとめられていたね」という児童生徒たちの反応が出ることがあります。そのときに，Ｆさんと私の学習法の違いに目が向けられるようにしていくのです。

　ほかにも，モデル（級友）に返された反応を手がかりに，以下のような支援が考えられます。

- ・級友が実施した行動と結果を整理して紐づけする
- ・状況や環境（割り当てられた時間や，学習の進度）が変われば，結果も変わることを意識させる
- ・モデルには，同じ学習レベル，同じ学習進度の級友を注目させる
- ・モデルが実施した行動や結果だけでなく，モデルがどのような感情だったかを想像させる
- ・教員は過剰な評価（成果が出てないのに称賛したり，努力していないのに肯定したりする）を抑え，正当な評価を返す

　これらの支援を連続的，また，複合的に実施することによって，自己調整された高次のモデリングの段階へと発達する手がかりとなるのです。その結果，同じ模倣する行動でも，状況に応じて積極的に行ったり抑制したりするようになっていきます。

自律性を高める⑥

「振り返り」で自己教育力を育成する

「振り返り」の機会を設定する

　学習（活動）が体験だけに終わり，それを通して得られた気付きを質的に高める指導が十分に行われていない状況に対して，「這い回っているだけ」「活動あって学びなし」と批判されることがあります。それは，「振り返り」が設定できていないためです。「振り返り」が目指すのは，「自分を見つめる習慣を身に付け，改善に向けた探究ができ，自他の成長を実感できる児童生徒」です。すなわち，自己教育力の育成を目指しています。

　しかし，「振り返り」の大切さは理解しているものの，活動そのものを優先してしまい，現実には自己評価表の「できた，できない」に丸を付けるだけの形式的な作業で終わってしまうこともあります。意味ある「振り返り」にするために，以下のような視点も併せて提示するようにします。

① 活動のプロセスや学び方（方略）についての振り返り

　児童生徒に自分の活動のプロセスを想起させ，「うまくいったところ，うまくいかなかったところ」「次はどうしていきたいか」を考えさせます。そのうえで，自分の学び方（方略）についての気付きや改善点を自分の言葉で表現させます。

② 自分の変容についての振り返り

　「自分の考え方が変化したところ」「自分が成長したところ」について言語化させます。変容には2種類あります。「いままでは，Aという考えだったが，今日の授業で○○さんの考えを取り入れて，Bの方法でやっていきたいと考えるようになった」という思考の変容と，もう一つは，「活動の前半は，話すことが見つからず不安な気持ちでいたが，班のメンバーが私の考えをうなずきながら聞いてくれたので，発表することの楽しさを感じることができた」という感情の変容です。

③集団の成長についての振り返り（相互評価）

「あなたが○○してくれたおかげで学びが深まった」のように，思考，感情の別なく，メンバーから自分へのプラスの影響やメンバーの集団への貢献について相互に伝え合います。さらに，「もっとよい協働ができるようにするには」という視点で，集団での活動（学習）の改善点を伝え合えるようにします。これにより，協働できる良好な関係が生起します。

時間がないときでも「振り返り」を行う工夫を

「振り返り」の時間が取れないときは，「振り返り」シートを準備しておき，短時間で記入させます。まったく時間がとれないときは，その日の宿題とします。シートに「振り返り」の観点を示しておくと，取り組みやすいです。その際，重要な点が2つあります。

① 蓄積するようにする

毎授業の「振り返り」が蓄積していくようにすると，考え方の変化や自分の成長を，教員だけでなく，児童生徒自身が捉えられるようになります。いわば，「振り返り」のポートフォリオとして，単元ごと，行事ごとに作成するようにします。

② ポジティブなフィードバックをする

提出された「振り返り」に対する教員のコメントは，基本的に「承認」と「問い」の2種類です。特に，取組みがいま一つの場合は，改善できるような動機づけと適切な取り組み方に気付けるような問いかけが必要です。

よいところには「○○に気付いていてよいね」という承認のコメントを添え，より深い探究を促すために「なぜ？　どうして？」「ほかの方法はないだろうか？」と問いかけのコメントを添えます。それによって，児童生徒のなかに改善に向かう「振り返り」の視点が醸成されていきます。また，次回の授業で，よい「振り返り」を取り上げて紹介すると「振り返り」の内容が一層充実していきます。

ICTを「振り返り」に活用することにより，コメント入力の労力が軽減される，データの蓄積が容易である，個の振り返りを学級全体に共有できる等，効果的な「振り返り」が期待できます。

適切な評価を用いて活動を振り返らせる

児童生徒の状況を見て，適切な評価を行う

　児童生徒が，学習目標などをもたずに指示されるまま学習を進めているのであれば，加点評価は，向上している点や成長している点に注目を促し，意欲を高め，具体的な目標を描かせるという点で効果的です。

　また，明確な目標をもって意欲的に活動をしているのであれば，減点評価は，不足している点やうまくいっていない点に注目を促し，学習への刺激となり，さらに向上しようとする姿勢につながる可能性があります。

ルーブリックに基づく評価で，具体的な目標や課題を常に意識させる

　自己調整学習では，自己評価を繰り返しながら，学習者として自立していくことが大切です。しかし，自己評価をさせると，「がんばったから100点」「思い通りにできなかったから自分はダメだ」と偏った評価をする児童生徒がいます。適切な自己評価ができるように支援するうえで，おすすめなのがルーブリック表を作り，自分たちで評価する方法です。例えば，合唱祭などの行事の前にルーブリック表を教員と児童生徒で作ります。初めから詳細な表を作るのは難しいので，大まかなもので構いません。

　行事に向けて準備を進めている途中で，ルーブリック表を示しながら，「この表に付け加えたり，修正したりするものはないかな？」「いま，みんなはどのあたりだと思う？」「もう一段階，上がるためには何が必要だろう？」と声をかけ，ルーブリック表に修正を加えながら，現在地を把握し，目標をより明確にしていきます。すでに高い評価にある児童生徒にも，「じゃあ，さらに高い目標としてはどんなことが考えられるかな？」と声をかけます。不足している部分についてはどうすればいいのかを，自分たちで考えてもらうのです。

　評価規準は，児童生徒の言葉で作られていることが望ましいです。

表3　ルーブリック表（はじめ）

	S	A	B
団結力	全員が力を合わせて1位を取る	班がまとまって練習する	リーダーが責任をもってがんばる
向上力	1位を目指してがんばる	責任をもって練習する	みんなが練習に参加している
応援力	全員ががんばれるよう応援する	よい点を指摘する	男女が互いを応援する

表4　ルーブリック表（修正後）

	サイコー！（S）	いいぞ（A）	まだまだ（B）
団結力	互いの長所を生かし，短所を補い合って，目標に向かって，全員が取り組むことができる	みんなが力を合わせて，支え合いながら取り組むことができる	みんなで取り組むことができる
向上力	互いのよい点，悪い点を指摘し合い，サイコーの合唱ができるように働きかけることができる	互いのよい点を指摘し合い高め合うことができる	目標に向かって，それぞれががんばることができる
応援力	学級の全員の活動や貢献を理解し合い，互いを応援し，励まし合うことができる	がんばっている人に声をかけるだけでなく，互いの努力や貢献を見付けることができる	ほかの人ががんばっている姿を見たら，声をかけることができる

自己評価が低い場合はスモールステップで個人内評価で考えさせる

　様々な評価を行っても，自分自身の評価を低くしてしまう児童生徒には，「漢字の間違いが少なくなったね」「手の動きが滑らかになってきたね」などと成長している点を指摘してあげます。

　自分自身の評価を低くしてしまう原因として，目標が高すぎることやできる子と比較してしまうことが考えられます。そこで，スモールステップで考えるように働きかけます。「最終的な目標としては○○なんだろうけど，あなた自身は，来週までにはどうなってたらいい？」といったように，大きな課題を達成可能な小さな課題に分けて，うまくいっている点を伝え，成功体験を増やしていきます。そして教員からだけでなく，児童生徒同士でも互いによかった点や成長した点を振り返る機会をつくります。このような体験を重ねていくことで，児童生徒は自分たちの成長を実感し，意欲や自信へと結び付けていきます。

協働性を高める①

特定の仲間からいろいろな人とのかかわりへと広げる

グループのなかで，他者と違う部分を出すことの難しさ

　様々な他者との対話や協働を通して自分の考えを練り上げることは，深い学びへとつながります。しかし，いろいろな人と建設的な対話や協働を重ねていくのは，口で言うほど容易なことではありません。

　集団体験が少なくなっている現代の児童生徒は，互いに似ている部分だけを確認し合い，互いに違う部分については認め合うことができないことが多いです。互いのことをよく知らない状態でグループ活動を行っても，「自分はこう思う」といった他者と違う部分を出すことができないのです。逆に，同調行動を強めたり，かかわらないことで時間を過ごそうとしたりする可能性があります。

　誰とでも対話的・協働的にかかわれるようになるには，多様なグループ活動や合意形成を図る経験を繰り返していく必要があります。

多様なグループ活動を通して，建設的に協働する力を育成する

　よりよいグループ活動のためには，多様な個性をもつメンバーが積極的にかかわり，対話を重ねながら協働していくことが大切です。ただやらせて終わりではなく，児童生徒がもつ資質・能力に合ったグループ活動を繰り返しながら，協働する力を高めていく必要があります。

　活動を進めるうえでのポイントとして以下のことがあげられます。

○段階的に進める……グループ活動に不慣れな場合，ルールを明確にし，少人数・短時間・やりやすい課題から始める。ある程度慣れてきたら人数や時間を増やしたり，自己開示を伴いような活動もとり入れたりする

○グループ活動の目的・目標を伝える……課題を解決することだけではなく，活動を通して協働して取り組む態度を育成することも目的の一つとする。児童生徒の状況や発達段階を考慮して設定する

○活動の振り返りを行う……成果物以外にも，グループ活動のプロセスについ
　ても振り返り，よかった点と改善すべき点を話し合う

　このようなグループ活動のプロセスを体験的に学べるものとして，感情
交流を重視する構成的グループエンカウンターや，他者との良好なかかわ
り方を身に付けるソーシャルスキルトレーニングなどがあります。多様な
グループ活動を通して，建設的に協働する力を育成するためには，児童生
徒が楽しみながらグループ活動に必要な協力の仕方や合意形成の進め方な
どを身に付けさせることが大事です。

児童生徒同士の合意形成を支えるポイント

　いろいろな人と建設的にかかわっていくためには，話合いを通して意
思・意見を一致させる力が必要です。つまり，合意形成を図る力を育成す
る必要があります。合意形成を図るためのポイントとして，①互いがもっ
ている情報の共有，②互いの情報に対する解釈・考え方の理解，③共通の
目的の共有，④価値観・文化(考え方)の違いの把握の4つがあげられます。
　しかし，実際，合意形成を図ろうとすると，考え方や立場の違いから生
じた対立が，感情的な対立へと変化してしまい，冷静に話し合うことがで
きず，人間関係までもがこじれてしまうことが少なくありません。そこで
合意形成が必要な場合，先にあげた４つのポイントを伝えたうえで，以下
のようなルールを設定して話し合わせましょう。その際，教員はファシリ
テーターとして，児童生徒の話合いがスムーズに進むように支援します。

○冷静に話し合おう……感情的な話合いになると合意形成が難しくなる。児童
　生徒が互いの違いに直面しても冷静に話し合えるように支援する

○相手に伝わるように話そう……互いの考えや不満は，相手に伝わるように論
　理的に話す必要がある。意見を言う前に考える時間を与えたり，普段からア
　サーション（自他を尊重するコミュニケーション）を意識させたりする

○協調点を見付けよう……価値観・考えを押し付けたり否定したりするのでは
　なく，互いの違いを踏まえたうえで，互いが納得できるより良い点（協調点）
　を見付けるよう促す

自ら発言したくなる授業づくり

教員が「間違うこと」をどう捉えているか

　「これ，わかる人はいますか，できる人いますか」と，正解を求めるような発問ばかりしていると，反応が速く，短時間で正解を導き出せる児童生徒，いわゆる「できる子」だけが発言する授業になります。じっくりと時間をかけて考える児童生徒や正解の自信がない児童生徒は，発言しないほうを選択します。また，発言者がいないからといって，指名されたり，黒板の前に出されたりしたら，児童生徒の不安は一層高まり，口を閉ざすでしょう。教員の「間違うこと」に対する考え方ひとつで，授業は大きく変わります。

　「昆虫は脚が6本だというけど，アゲハの幼虫は脚が16本もあるよ」という発言や，「(『ごんぎつね』の授業で)ごんがいたずらばっかりする気持ちがわかるよ，だって僕もね……」という発言から，「みんなで考えてみよう」と全体の学びが深まり，授業が終わっても学びをやめようとしない児童生徒たちの姿に出会ったことがありました。

　正解を求めると間違いになりますが，正解を求めなければ，間違いではなく多様な考え方の一つです。「あなたは，どう思いますか」「あなたなら，どうしますか」「あなたの経験を話してください」と，正解を求めない発問を意識し，自分で考える時間を保障します。そして，一人一人の思いや考え方を全体の場で表明することが，深い学びや楽しい授業にとってどれほど大切であるかを，授業を通して体験させていくのです。

発言したことを成功体験に

　「間違っても大丈夫」という安心感がなければ，児童生徒は自ら発言しようとしません。しかし，心理的安全性は最初から備わっているものではありません。

　はじめのうちは，多くの児童生徒が「発言してみようかな，でもどうしようかな」という葛藤のなかにいると考えてよいでしょう。葛藤の末に，「よし，発言するぞ」と勇気を振り絞って手をあげるのですから，失敗体験にさせてはなりません。

　発言の失敗体験は，教員や周囲の児童生徒たちからの反応によって生まれます。教員にそのつもりはなくても，正解を求める教員は「それは違いますね」「ほかの意見はありますか」と反応します。発言に対して，周囲の児童生徒たちが一斉に「いいで〜す」「違いま〜す」と口を揃えて反応するのも不安を高めるだけでしょう。内容にかかわらず，発言した勇気に対して「よく発言したね」と認めることは，児童生徒の発言への意欲を育てることになります。

　周囲の児童生徒の聞く態度の育成も重要です。「内容を理解しようとして，一生懸命に聞く態度」をとる児童生徒を積極的に評価して，モデリング（p.13参照）の効果を促します。「いまの○○さんの発言をもう一度言ってくれる人はいますか」と，しっかり聞いていた人だけが発言できるリピート発言を取り入れるのも，聞く態度を育てることにつながります。

発言するのが楽しくなる

　教員は，正解を求めるのではなく，児童生徒の頭に浮かんだ感想，意見，疑問，提案，それ自体を求めればよいのだと思います。そうした多様な発言のなかに，みんなで話し合いたくなるテーマが見付かります。

　一人一人の発言に対して教員は，「よくそんなところに気付いたね」と丁寧に励まし，その個性を認めることが大切です。すると，個性的な意見が次々と出されるようになります。

　「へぇ〜，○○さんは，そういう考えなんだね」と自分の発言を丁寧に聞いてもらえた児童生徒は承認感が高まります。「○○さんの考え方を取り入れたら，うまくいったよ」と伝えられた児童生徒は，他者への貢献感が高まります。すると，いままで沈黙を守っていた児童生徒たちが，どんどん発言するようになり，発言することで授業が何倍も面白くなることを実感していきます。

協働性を高める③

学級目標を基盤にした学級経営で自己調整力を育成する

つくりっぱなしでは形骸化する

　学級経営でありがちなのが，「学級目標を一生懸命つくったけれど，意識し続けられなかった」という学級目標が形骸化してしまう状況です。

目標設定段階のポイント（自分事となる目標づくりのツボ）

　設定段階のポイントは「学級目標に児童生徒全員の意見や願いを込める」ことです。そもそも児童生徒が「目標を自分事として捉えられない」状態だと，自律性支援のスタートラインに立つことさえできないからです。

　年度当初の不安の強い状況で「どのような学級にしたいですか」という問いが難しい児童生徒もいます。そこで「スモールステップ」と「全員の意見の可視化」という工夫が有効です。担任の当該学年の説明（年間の見通し等）の後であれば，「どのような○年生になりたいですか」という問いについては，ほぼ全員が書けるのではないでしょうか。

　全員の意見を学級だより等に掲載することも検討します。学級の全員に可視化することにより，「今年の担任の先生は全員の意見を聞いてくれる」という期待や，「周りの友達はよいことを書いているな」という学びにつなげることもできます。学級の全員参加で設定した目標だからこそ，全員の協働性や動機づけの高まりに作用していくのです。

運用段階のポイント

①学級目標と活動を関連付ける

　日々の授業や学級活動，行事等を学級目標と関連付けます。学級目標の達成度についてアンケートをとり，メタ認知ができるようにレーダーチャート等で可視化しておくとすごく効果的ですし，様々な場面で便利です。

②形骸化しやすい局面で目標を意識づける

　学級目標に向かう自己調整学習と R-PDCA サイクルの段階はそれぞれ，

学級目標と諸活動の関連付けのイメージ

◎学級目標「**優しくて，元気と勇気があって，心を一つに助け合えるクラス**」
↕

○授業の工夫……「今日は優しい聞き方を心がけてみましょう。ポイントは
〜。『**勇気**』と『**優しさ**』が一気にパワーアップできそうですね」
○学級活動の工夫……「『**優しく**』の部分がアンケートでは低くなっているの
で，「**優しさ**」をパワーアップさせるための作戦会議の学級会をします」
○学校行事の工夫……「『**心を一つに助け合える**』を達成できるように来週の
運動会に向けてがんばりたいことをポスターにして発表し合おう」

予見段階（R・P），遂行段階（D），自己内省段階（C・A）のように対
応します。形骸化しやすい場面に対して，次のような対策が考えられます。

R（調査）段階……理想を掲げたが，現状とのギャップを確認していない

→　学級目標についてのアンケートをとり現在地を知る（メタ認知）

P（計画）段階……目標達成のための話合いができず見通しがもてなかった

→　学級の実態に応じて，課題への対応策がうまく考えられない場合は，教
員が選択肢を用意し，学級での話合いで決定する（学習方略の決定）

D（実施）段階……計画がうまく実行できなかった

→　実施日と活動の目的（学級目標達成）を明確にして実施する

C（評価）段階……活動の振り返りが表面的なもので終わってしまった

→　再度アンケートをとり，成長したことと課題を一人一人がミニ新聞にま
とめ，学級で交流するなどをして明確にする。部分的でも成長が見られれ
ば「お祝いの学級集会」を開催し喜びを共有する

A（改善）段階……振り返りをうまく次の活動の意欲へつなげられなかった

→　課題については具体的な作戦を考えられるよう，必要に応じてP段階と
同じ支援を行う

③児童生徒に振り返らせる

　毎日の朝の会で日直に「今日のめあて」を学級目標に基づいて発表して
もらい，帰りの会で達成度を確認し合ったり，学級会の司会を交代制にし
て司会書記を担当させて話合いの理由も提案してもらったりするなどして，
より学級全体が自己調整的な思考や行動になるよう支えていきます。

児童生徒の交流を促す
教員のファシリテーション

これからの教育を支える教員の新しい役割

　教員には「ティーチャー」として，体系化された知識や技能を児童生徒に身に付けさせるといった役割に加え，「ファシリテーター」として，児童生徒が安心して話ができる雰囲気をつくり出し，話合いが建設的な議論に発展していくよう適切な授業デザインをしていく力が求められます。

個やグループの交流を促す教員の支援（つなぐ・もどす）

　協働的な学びの実現には，教員が，個やグループの意見を意図的に「つな」いだり，「もど」したりすることによって思考が深まります。児童生徒は，見方や考え方を修正しながら，互いに納得解や最適解を導き出す力を身に付けられるようになります。教員が能動的に「つなぐ」「もどす」を意識して支援を行うことが効果的です。

共通点を可視化させ人と人（グループとグループ）を「つなぐ」

　「Aさんは○○と言っているけれど，Bさんはどう？」など，一人の意見をほかの児童生徒に「つなぐ」やり取りは，多くの教員がイメージしやすいものでしょう。このような場面では，共通点や相違点を可視化させて，個々の児童生徒の思考を「つなぐ」ことも有効な手段と言えます。例えば，第6学年理科「ものの燃え方」の学習で，以下のやり取りが想定できます。

　T：集気びんの中でろうそくを燃やす実験からどんなことが考えられますか

　C1：二酸化炭素の量を気体検知管で調べたところ，ものが燃えた後のほうが
　　　数値が高かったことからものが燃えると二酸化炭素が増えると言える

　C2：ろうそくを燃やした後，集気びんに石灰水を入れて軽く振ったところ，
　　　白く濁ったので，ものが燃えると二酸化炭素が増えると言える

　T　：結果は同じだけれど，2人の考えの根拠は違っているね

というように着目させたい視点をはっきりさせて発言を「つな」ぎます。

一つのグループの考えを学級全体に「つなぐ」

　全体交流の場面では，少数の意見を全体に「つな」ぐことで，児童生徒の視点がさらに広がることが期待されます。例えば，第5学年社会科「あたたかい土地のくらし」の学習で，以下のやり取りが想定できます。

　　T　：沖縄県の家のつくりの特徴について，グループで話し合ったことを発表しましょう

　　C1：台風で飛ばされないように，建物がコンクリートでできている

　　C2：沖縄は年中暑いので，涼しいように建物がコンクリートでできている

　　T　：あたたかい地方ならではの工夫がされているんだね。こちらのグループはユニークな発見をしたようだから発表してくれるかな

　　C3：屋根の上にタンクのようなものがあると気が付いた。水不足に備えて，水をためているのではないかと予想した

　　C4：あ〜，本当だ。屋根の上にタンクがあるのは沖縄だけなのかな？

というように，少数の意見も大切にし，意図的に発表させることで，児童生徒の思考が揺さぶられ，話合い活動がさらに活性化します。

思考活動を学習者やグループに「もどす」

　「つな」いだ考えを学習者やグループに「もどす」ことも支援として有効です。例えば，第4学年国語科「ごんぎつね」の学習で，以下のやり取りが想定できます。

　　T　：兵十の気持ちが変わったのはいつですか

　　C1：土間のくりを見たときです

　　T　：どうしてそう考えたのかな

　　C1：土間のくりを見て，くりを届けてくれていたのがごんだと気付いたから

　　C2：なるほど。この文章から，そう考えることができるんだね（つぶやき）

　　T　：そういった考えもあるけれど，他の考えの人はいるかな

というように根拠となる表現（教科によっては資料など）に着目させることで，児童生徒の思考を深めることができるでしょう。

　また，複数の意見を教員が整理して，再度児童生徒に「もどす」ことで，話し合いを活発化させ，協働性を高めることができます。

協働性を高める⑤

集団にマッチした協働を仕組む

学びの「構成」がマッチしていない

「授業のなかに交流場面は設けたものの一部の児童生徒の発言で終始したり，対話にならず発表だけになってしまったりして，生き生きとした協働にならない」というのは，多くの教員に共通する悩みではないでしょうか。このような状態になってしまうのは，学びの「構成」が集団にマッチしていないことが原因です。

形式だけの協働は効果が上がらないばかりか，逆効果のこともあります。

集団にマッチした「構成」を考える

効果的な協働のために，グループ・アプローチの一つである構成的グループエンカウンターの展開が参考になります。「構成的」とは，「枠を与える」という意味です。

授業においても，**時間**（長いか短いか），**ルール**（強いか弱いか），**グループ**（多いか少ないか，男女混合か，身体接触があるか，役割指示があるか），**移動**（大きいか小さいか），**課題**（難易，選択か論述か，閉じられた質問か開かれた質問か，個人の価値観を問うものか否か，補助があるか）等の「構成」が考えられます。

協働においては，集団の発達段階（p.42参照）に合わせて，**時間**（短→長），**グループサイズ**（小→大），**課題**（易→難）のように，徐々に難易度を上げていく「構成」が必要なのです。

停滞する協働への対応

「構成」の仕方が集団にマッチしない協働は停滞が見られるようになります。協働が停滞する場合には，右表（p.97）のような対応を考えてみるとよいでしょう。

表5　停滞する協働への対応（Johnson ら，1984を参考に作成）

不慣れ	何をしてよいかわからず，沈黙の時間が長く続く →　リレーションが不足している，緊張緩和を目的とした協働が必要 →　話し方，聞き方，かかわり方等のルール・マナーの定着を目的とした協働が必要
同調	「この程度でいいや」と向上しようとしなかったり，意見対立の煩わしさを避けるために同調して反対意見をためらったりする。すんなりと決まるが，深まらない →　異質なメンバーによるグループ構成が必要 →　高め合うための「異論」の価値を伝え，多角的に意見を提出させることが必要
フリーライド	自分が努力しなくても気付かれない，自分の努力がグループの成果に影響しないということがわかったときには，グループのために尽力しなくなることがある →　人数が多いと自らの貢献を実感しにくくなる。適切なグループサイズにすることが必要 →　協働の目的や意義を伝えてから活動に入ることが必要 →　役割や分担，タスクを課して関与させ，「協働してよかった」を感得させることが必要
不公平	役割や仕事量に差があると，不公平感から意欲を失ったり，グループから浮かないように努力を周囲と同程度に抑えたりする傾向がある →　協働の様子をよく観察して，不公平に気付き，役割や仕事量を調整するよう介入することが必要
重荷	グループ活動における共通のルール・マナーが不足するメンバーを多く抱えるグループでは，できる生徒が実力を発揮できないことが多くなる →　構成メンバーの調整や教員の支援が必要 →　メンバー間のフォロー体制が必要（教えることで思考が明確化される） →　能力差がグループの成果に大きく影響しない課題の選定が必要
不活性	順番に自分の意見を言うだけの一方的な発話や形式的なやり取りに終始し，対話が続かない。協働が盛り上がらない →　興味のある課題，自分と関連のある課題，みんなで協働したくなる課題の選定が必要 →　振り返りによって「あなたのおかげで」「みんなのがんばりがあったから」を感得させることが必要

学び合い活動を繰り返し授業のなかにとり入れる

活用しやすいプログラムを繰り返す

　協働活動は，繰り返し授業のなかでとり入れていきます。そのためには，既成のプログラム（シンプル・アレンジしやすい・失敗が少ない）を修正して活用するとよいでしょう。

「ラウンド・ロビン」の工夫

　協働学習のプログラムとして，「ラウンド・ロビン」があります。「①課題明示，②個人思考（自分の回答を準備），③集団思考（一人ずつ発表）」の手順で授業を構成し，最後にグループで話し合ってそれぞれの回答を比較していくような活動です。課題を変えることで，繰り返し活用することができ，継続して授業にとり入れていくことができます。

　例：　社会科で安土桃山時代について学習する際に

　1）「三人の武将（織田信長・豊臣秀吉・徳川家康）のうち，一番活躍したのはだれ？」と児童に問いかける（課題明示）

　2）自分の主張として，いままで学習したことを基に，一番活躍したと思う武将一人と，その理由を記述させる（個人思考）

　3）その後，グループで発表し，メンバーの意見を聞き，メモしていく（集団思考）。その際，相手の意見を否定するようなことは禁止する。最終的に，自分が一番妥当だと思う答えを書いて授業のまとめとする

プログラムがうまくいかないとき

　学級の状態によっては，上記のようなプログラムでも自分の意見をうまく発表できないといったことが起こります。例えば，ヒエラルキーが固定化され，学級内で発信ができる中心メンバーと，受け身的で追随していく周辺メンバーとで二極化が起きている学級です。自分の意見に自信がもてず自己主張を抑制する傾向があるためです。

　そういった学級においては，班で一つの考えに合意形成を図ることを目的とせずに，質より量を重視して意見をたくさん出し合う目的にすること，また，相手の考えを否定せず発表だけに留めるといったブレーンストーミングの手法を使った協働学習とすることが有効です。そうしていくと，だんだんと自己主張することに抵抗なく，相互作用を引き起こすことができるのです。

時間がないときは「ペア」で

　活用しやすいプログラムには，個人の考えを隣同士で発表させる「ペア発表」や，意見交流を実施する「ペア・ディスカッション」など，短時間で実施できる方法もあります。

> T　：今日は，理科の空気でっぽうの実験をする前に仮説を立てましょう。「筒のなかの棒を押すと弾が飛び出すのはなぜか」について隣の人に自分の考えを説明しましょう

> Ｓ１：棒を近づけると，磁石みたいに弾が発射されるからだと思う

> Ｓ２：私は，筒のなかの空気が無くなって真空になっているから弾が出ていくのだと思うよ

> T　：「ペア」で考えをまとめてノートに書いてみましょう。実際にどのようになっているか実験をして確かめてみましょう

　このように，学級全体で考えを共有するだけでなく，短時間でも「ペア・ディスカッション」をとり入れていくことで，自分の考えを発信することができます。また，グループサイズを小さくすることで，より積極的に自己主張を促すことにつながります。最小単位である「ペア」を活用することで，話す時間を確保することができます。

　さらに，メンバー同士の相互評価，振り返りの活動を入れ，学習活動を改善する機会を設けていくとよいでしょう。まずは，よかった点をフィードバックし合うのです。「あなたのおかげで，みんなの活動がうまくいったよ」「あなたの意見があったから成功したね」というメッセージを交換し，活動を振り返り，承認感を得て，協働の意義を再発見する機会になります。獲得した成功体験が，次の協働活動の充実へとつながっていきます。

協働性を高める⑦

多様なアウトプットによって
全員参加を促す学習を展開する

誰にも「見える」ことで交流の活性化へ

　協働学習では，児童生徒が個人で思考した意見や考えを互いに交流させ
ながら，これまで自分になかった新たな気付きを獲得したり，既存の知識
をさらに深めたりすることをねらいとしています。

　協働学習においては，個々の児童生徒が考えていることをわかりやすく
伝えられるよう「思考の外化」を行うことが求められます。「思考の外化」
とは，自分の考えや意見を文章や図でかき表したり，声に出して伝えたり，
身振り手振りを交えて体で表現したりするなど，様々な方法で視覚的に表
すことです。

　思考を外化させることにより，他者との思考の交流が可能となり，わか
ったつもりになっていた点が明確に整理され，自身の理解の不十分さを補
うことにつながったり，新たな知見を発見したりするなど，児童生徒同士
の相互作用が活性化していきます。

意見表出のハードルを下げる ICT の活用

　すべての児童生徒が個々の思考を外化しやすくするために，ICT を活用
した考えの交流が想定できます。これまでの学習では，個人思考を行う際，
ノートやワークシートに手書きすることが主でした。発表することが苦手
な児童生徒にとっては，自身が開示しない限り他者の目に触れることはあ
りません。しかし，個々のタブレット端末に記入された考えを，ロイロノ
ートやスクールタクトといった授業支援ソフトを介して大型液晶モニター
や電子黒板に映し出すことで，互いの考えを比較しながら交流することが
容易になります。授業支援ソフトを介して，自身の考えが教室全体に公開
されることを前提とした授業展開は，必然的にすべての児童生徒の考えが
全体に共有されるため，意見表出が苦手な児童生徒にとっても，積極的な

授業参加が促されるようになってきました。

　いっぽう，多くの児童生徒が主体的に学んでいても，学力水準が下位で
あったり，特別な支援を要したりする場合には，学習に適応できないこと
があります。

　例えば，書くことに困難のある児童生徒が学級内にいる場合には，考え
の表出をする際，手書きで文字を書くという行為自体が学習への障壁と
なることが想定されます。そのため，タブレット端末へのキーボード入
力，フリック入力，音声入力などの代替方法を提示することが考えられま
す。一般的に広く使用されているアプリとしては，Good Notes 5（Time
Base Technology Limited）があげられます。本アプリは，写真や取り込
んだ PDF 画像に直接文字を書き込んだり，イラストを描いたりしながら
タブレット端末上で自作ノートを作成することが可能です。

　課題がある児童生徒だけでなく，発表に苦手意識をもつ児童生徒にとっ
ても，思考の外化の際に ICT を活用することで，発表への効力感を向上
させるといった事例が報告されています。

意見表出の仕方の多様化

　社会科の水産業の学習では，「養殖漁業と栽培漁業のどちらがよいか」
について，考察する場面があります。明確な答えを求めているわけではな
く，それぞれの長所短所を深く考えさせることがねらいです。このような
オープンエンドの問いに対しては，より最適な解を求めるために，問題解
決思考でグループで話し合うことが想定されます。

　グループの話合いで有効なのは，協働編集ソフトの使用です。ネットワ
ークを介してつながったタブレット端末の画面上で，複数の児童生徒が同
時進行で作業を行います。ほかにも ICT を活用することで，全員参加の
課題解決を促し，児童生徒の思考をさらに深めたり広げたりします。

　多様なアウトプットの方法は，児童生徒の学びの機会を保障し，個別最
適な学びへとつながります。より多くの児童生徒の意見を共有できるよう
になると，自分の意見が学習に反映される嬉しさにつながり，いままでお
客さん状態だった児童生徒も主体的に学ぶように変わってくるでしょう。

協働性を高める⑧

問題解決のプロセスを自分たちで辿れるようにする

支援のスタイルを段階的に切り替える

　解決に向けて「問題に気付く」「課題を設定する」「提案する」「計画を話し合う」「実践する」「振り返り改善していく」という各活動を，教員が丁寧に教える段階から，参加しながらアドバイスする段階，部分的に任せ見守る段階，プロセスの全体を任せ見守る段階へと移行していきます。

　この段階まできた集団には，もう一段階上を目指すことを促します。

自分たちで行動することを「価値づける」

　教員の敷いたレールから外れて自分たちで創造的に動き始めることを支援するのです。自発的な児童生徒の姿を積極的に「価値づけ」ていきます。「価値づける」とは，周りの児童生徒に大きく影響することを考えて，「ほめる」「認める」「支持する」といった指導行動を通して，指導対象の児童生徒をモデルにして，間接的に目指すべき姿を明確にすることです。

　以下のような自発的な姿が見えたときが，「価値づける」チャンスです。

　1）問題点に気付き，メンバーに伝えている

　2）新しいアイデアの提供，実行や改善の提案等，進んで意見表明している

　3）仲間に声をかけ，活動メンバーを増やそうとしている

　4）話合いや活動を主導し，リーダーシップを発揮している

　5）活動がうまくいくようにフォロワーシップを発揮している

　6）自分の役割や責任を自覚し，丁寧で堅実な仕事をしている

　7）活動を楽しみ，前向きな雰囲気を盛り上げている

　8）改善点に気付き，メンバーに伝えている

　こうした「自発性の芽」に敏感に気付き，「クラスをよりよくしようと動き出してくれたのですね，とてもうれしいです」と，大いに評価します。「価値づける」ことにより，行動をステップアップさせていきます。

「自分たちで何かするのは楽しい」が活動の核となるように

　言われたことをやるのに慣れ切った児童生徒が，自分たちで活動を創ることの楽しさを感じられるようにしていきたいのです。例えば，自分たちで創造的に行う学級活動を「学級プロジェクト」と呼んで，取り組みます。

自発的な「気付き」「つながり」を支える

　プロジェクトの出発点では，生活を見つめ，自分たちで問題に気付き，課題設定することを支援します。生活を見つめる視点として，「みんなが気持ちよく過ごせているか，困っている人はいないか（問題だと思われる点）」「さらによくならないか（向上させたい点）」の2点を問いかけます。

　やがて，教員の問いかけがなくても，「生活への気付き」が表出されることがあります。それを見逃さずに「みんなにあなたの気付きを伝えて，どう思うか尋ねてごらん」と，気付きの表明を支援するのです。すると，児童生徒から「こうしたらどうかなあ」「こうするといいんじゃないかな」と，問題解決に向けた提案が表明されるようになります。また，「一緒に提案してくれない？」「計画づくりを手伝って」という，仲間とつながろうとする動きにも注目します。

　そうした「自発性の芽」を見つけては，「へぇ～，仲間に呼びかけて，○○プロジェクトの成功に向けて流れをつくったね」と言葉に出して評価します。目立つ行動だけでなく，フォロワーとして活動に貢献する姿や活動の雰囲気を盛り上げる姿も，プロジェクトの成功に寄与しているのだと，ほかの児童生徒も聞いていることを意識しながら伝えていきます。

「決定」は委ね，前向きなトーンで締めくくる

　発案や指示を出したくなるのをこらえ，児童生徒が動き出すのを待ちます。やがてスタートしたプロジェクトは，すんなりと運ばないことだらけです。行き詰まったときは，「○○が問題点なんだよね，どうすればいいかなあ」と一緒に悩みながら活動に寄り添い，「自己決定」を待ちます。

　終末での振り返りは教員の出番です。反省だけの暗い表情で終わらせてはなりません。各々のがんばりをたたえ，できたことを喜び合う機会を率先して演出します。「楽しい」思いは次の自発的な活動につながります。

自律性と協働性がともに低い児童生徒への対応

自律性と協働性がともに低い児童生徒が増えている

　学級内で特別な支援や対応を直接的にはされていない児童生徒のなかに，自律性と協働性がともに低い児童生徒が，近年増加していることが危惧されています（文部科学省，2011）。そのため，問題解決場面のなかで，他者とのかかわりを通して，自ら獲得することで身に付くとされる資質・能力を，授業を通しても児童生徒に身に付けさせる取組みが，本格的にスタートしたのです。

　学級集団で協働活動や協働学習を展開する際には，このような児童生徒に適切な個別対応が求められます。

自律性と協働性がともに低い，難しい児童生徒のタイプ

　このタイプの児童生徒は，学級内では，目立つような活動に意欲的に取り組む面があるのですが，自分の思い通りにしようとする傾向が高いのです。競争意識が強く，常に他者に対して攻撃的に勝とうとするので，みんなと和することができず，トラブルを繰り返していることが想定される児童生徒です。

　このような児童生徒の代表的な性格特性は，「自己愛的傾向」の強さです。自己愛的傾向は，自分自身に関心が集中し，優越感等の自分に対する肯定的感覚を獲得・維持することを渇望する特徴があります。

　養育者から基本的信頼感（無条件の受容）を十分に獲得できていないと思われ，しつけ・社会化の内容を素直に受け入れられず，かつ，自律的な行動もとれないのです。

　自己肯定感が低く，そのため周りからの承認感を渇望するのですが，その方法が非建設的になっています。人間的に強くなる努力ではなく，見かけとして，「強く見せる努力（虚勢を張る）」をして，常に他者との比較を通して，自分の価値を確認するようになってしまうのです。防衛的な考え方と行動で偽りの自己肯定感を得ようとします（コラム⑥：p.130も参照してください）。

自己愛的傾向の強い児童生徒がいる学級活動のポイント

　このタイプの児童生徒はすでに一定数います。したがって，個別対応をするのと同時に，学級全体への取組みも必要です。

　効果的なのは，学級内で人が「カーッ」となることを誘発する言葉を使わないようにする，逆に，気持ちが楽になり，元気が出るような言葉をかけるようにする取組みをするのです。代表的なのは，「ふわふわ言葉とチクチク言葉」という，小学校の低学年の道徳の授業で行われている取組みを，活用することです。

　「ふわふわ言葉」とは，例えば「ありがとう」「すごいね」「よくがんばったね」など，気持ちが安心し，自己肯定感も上がる言葉です。このような言葉を話すときは，相手のことを思いやっているときです。

　それに対して，「チクチク言葉」は「バカ」「キモい」「ウザい」や「そんなことも知らないの？」「なんで出来ないの？」など，言われると悲しくて，心が傷つく言葉です。「チクチク言葉」を言うときは，相手の気持ちや心の痛みを考えず，そのときの自分のいらだちや不快な気持ちを，そのまま相手に伝えてしまっているので，相手が傷付いてしまいます。

　このように，言葉のもつ力を，特別活動などの時間に取り上げて，学習させ，学級内でも日常的に意識させて定着させることが効果的です。

不安を軽減したうえで，本音の交流を積み重ねる

　さらに一歩進めて，少しずつ，教員やほかの児童生徒たちとリレーション（構えのない本音の感情交流ができるような人間関係）が形成できる取組みを，積み重ねていきます。

　学級のみんなと，対等に，率直に交流できるようになることが，結果として，虚勢を張るような態度や行動を取ることを抑制していくのです。

　したがって，協働学習を展開する前には，協働の作業や係活動，協働のゲーム的な活動（小学生では，王様じゃんけんやすごろくトークなど，中学生以降では，サイコロトーク，ビンゴなど）に少しずつ取り組ませて，不安を軽減し，協働の楽しさや意義を少しずつ実感させていく，ことが求められます（コラム③④：p.62, p.64も参照してください）。

12 タイプ別　すべての児童生徒が学びに向かう授業づくりのツボ

自由度の高い学習活動，自治的なグループ活動の難しさ

　児童生徒の実態と学級集団の状態に応じて，授業を工夫して展開し，理想の状態の学級集団の状態の確立とそれに応じた授業展開を目指していくのです。

　近年の授業づくりは，より高いレベルの資質・能力の育成を目指して，児童生徒の自由度を高めて活動させたり，交流の場面を積極的にとり入れたりするなどの改善が進んでいます。

　しかし，教員がどんなに理想を追求した授業をしようとしても，児童生徒にルールが内在化していないと，自由と秩序のある学習活動は成立しません。また，学級に良好な人間関係が成立していなければ，児童生徒個々の能動的な交流は促進されません。場合によっては，学びが少なくなったり授業が成立しなくなったりする可能性もあります。

実態に応じて授業を構成する手順

　すべての児童生徒が学びに向かうには，児童生徒の実態と学級集団の状態に応じて，可能な範囲で自由度を与えて取り組ませたいのです。

　授業の構成は，現状の児童生徒の実態と学級集団の状態に規定されるのです（河村，2017ab）。したがって，授業は次の3点で構成していきます。

　1）現状の「児童生徒の実態」と「学級集団の状態」を把握する

　2）1）から教員による自律性支援の発揮の段階を定め，対応する

　3）1）2）に応じて授業を構成し展開していく

　「児童生徒の実態」とは，基礎学力，協同（協働）意識，ソーシャルスキル，等です。「学級集団の状態」とは，学級内の児童生徒の自律性と協働性のレベル，人間関係・協同（協働）関係の構築度，等です。それぞれのレベルが理想に近いほど，児童生徒に裁量と責任を委ねる，委任的な構成になっていきます。

自治的な授業づくりの目安となる５段階

　児童生徒の実態と学級集団の状態の理想的な状態が生み出す学級は，従来は，自治のある学級ともよばれました。本項ではこの呼称をとり入れ，学習活動の構成のタイプを，次のように設定しました（河村，2017a）。

①　Lv0：統制的な指導も必要な学級集団

②　Lv1：自治性が低い学級集団

③　Lv2：自治性が中程度の学級集団

④　Lv3：自治性が高い学級集団

⑤　Lv4：自治性がとても高い学級集団

　本項では，実際的な視点として，教員が授業における最適な学習活動の構成のタイプとして，②〜⑤についてを中心に解説します。

統制的な指導が優先される状態の学級集団

　本書では詳しく取り上げませんが，学校現場では，有効に協働学習を展開できない状態，いわゆる荒れている学級集団が，一定数存在します。このような学級では，危機介入として，統制的な指導も必要となる場合が想定されます。ちなみに，①（Lv0）の目安は，以下の通りです。

①　Lv0：統制的な指導も必要な学級集団

＜現状の児童生徒の実態と学級集団の状態を把握する目安＞
・学級内に「学級での全体の学習活動に対してとりうる態度」（p.109，
　※１）で，0〜3の児童生徒が過半数以上いるような状態
・学級集団の状態が，不安定型から崩壊型（p.109，※2）
＜想定される学級の状態像＞
・児童生徒の人間関係は緊張・不安が高まり，対立やトラブルが噴出している。学級で集団の教育活動をすることがとても厳しい状態
・危機介入を含めたチーム対応が必要

　以下に，各タイプを理解する特徴や，最適な学習活動の構成，自律性支援のポイント，代表的な学習活動の展開などについて解説します。

② Lv1：自治性が低い学級集団

＜想定される学級の状態像＞

　学級内の児童生徒の人間関係は不安定で，トラブルも散見されます。協
働性の意義と協働活動するための基本的なスキルが，児童生徒に定着・共
有されていません。実態以上のレベルの協働活動を無理にとり入れると，
マイナスの相互作用が発生する可能性が高まります。

＜学習活動の指針＞

　協働活動や協働学習に参加するための意義と具現化するソーシャルスキ
ルを児童生徒に育成する，学級内に親和的な人間関係を形成する段階です。
協働学習は，最初は短時間で，慣れてきたら，徐々に取り組む時間を増や
し，レベルを高めていきます。

1-1　その学級のやりやすい場面から，小さな協働活動を設定する。協働
　活動に慣れさせ，児童生徒に協働する「楽しさ」を体感させ，意義を理
　解させ，ソーシャルスキルを体験学習させる

1-2　学級内の日常生活から多様な構成の班単位の活動をとり入れる。協
　働活動に取り組むスキルを身に付けさせる

1-3　授業の一部に協働活動（練習問題の丸付け，教科書の読み合い，感
　想の言い合い，班学習などのレベル）をとり入れる。協働学習の意義と
　スキルを身に付けさせる

表6　児童生徒の実態と学級集団の状態を把握する目安

Lv	学級集団の自治性の段階　▶　教員による自律性支援の発揮	
	把握の目安（学習活動への参加状態／学級集団の状態／安定度／活性度）	
	統制的な指導も必要な学級集団	
0	・0～3の児童生徒が学級の過半数以上いる[※1] ・不安定型から崩壊型[※2]	・混沌[※3] ・不履行[※4]
	自治性が低い学級集団　▶　教示的――説得的[※5]	
1	・0～3の児童生徒が半数近くいる ・拡散型・不安定型　混沌・緊張期――小集団成立期	・不安定・流動 ・遂行・不履行
	自治性が中程度の学級集団　▶　説得的――参加的	
2	・0～3の児童生徒が3割近くいる ・かたさ型・ゆるみ型　小集団成立期――中集団成立期	・固定・流動 ・遂行・停滞
	自治性が高い学級集団　▶　参加的――委任的	
3	・0～3の児童生徒が1割近くいる ・親和型　全体集団成立期――自治的集団成立期	・固定・安定 ・遂行・活用
	自治性がとても高い学級集団　▶　委任的	
4	・0～3の児童生徒はほぼおらず，5，6の児童生徒が中心 ・親和型　自治的集団成立期	・安定 ・活用・創造

※1　児童生徒が集団での協働活動や協働学習に対してとりうる態度「0：無関係――1：拒否
　　――2：不従順――3：形式的参加――4：従順的参加――5：同一化的動機による参加，
　　6：内発的動機による参加」。0～3までの段階の児童生徒は，ルールの遵守が乏しく，協
　　働活動や協働学習に参加しても建設的に活動することは難しいのです。5，6の段階にあ
　　ることが理想です（p.26の図4参照）

※2　学級集団の状態「親和型――かたさ型――ゆるみ型――拡散型――不安定型――崩壊型」
　　があります（p.30, p.132参照）

※3　学級集団の安定度「1：混沌――2：不安定――3：流動――4：固定――5：安定」（p.37参照）

※4　学級集団の活性度「1：不履行――2：停滞――3：遂行――4：活用――5：創造」（p.37参照）

※5　教員による自律性支援の発揮の段階「教示的―説得的―参加的―委任的」。児童生徒の実
　　態と学級集団の状態が理想に近いほど，児童生徒に裁量と責任を委ねる，委任的な段階
　　になっていきます（p.45参照）

③　Lv2：自治性が中程度の学級集団

＜想定される学級の状態像＞

　協働活動はある程度できるようになっています。行動の仕方としてのルールも定着していますが，内在化までには至っていません。一部逸脱する児童生徒もいるような状態です。したがって，学級全体で協働活動や協働学習を実施しても，成果は児童生徒間でばらつきが大きくなりがちです。

＜学習活動の指針＞

　児童生徒個々の協働性の意義の理解と行動の仕方を身に付けさせていく，児童生徒が対等に平等に率直に考えを言い合える雰囲気，学び合い高め合おうとする風土のある学級集団の状態の形成を，体験を通して行っていく段階です。一定の枠のなかで協働活動や協働学習を繰り返して，行動のルールの定着を，徐々に内在化させていきます。

2-1　授業のなかで，協働学習を展開するひな型を教え，ひな型に沿って活動させていく。ひな型は，次のような一連の流れとする。「教員に課題を提示される ⇒ 1: 課題解決の見通しをもつ ⇒ 2: 独力で考える ⇒ 3: 協働で考える ⇒ 4: 全体で検討する ⇒ 5: 振り返りをする」。各段階で以下の点を身に付けさせる

2-1-1　課題解決の見通しをもつ

・どの既習知識や技能を活用すれば課題解決につながるか意識化させる

2-1-2　独力で考える

・どこまではわかり，何がわからないかを明確にさせる

・複数の資料を比較して活用して考えさせる

・話し方，文章のまとめ方，思考の仕方の雛型を身に付けさせる

2-1-3　協働で考える

・複数のメンバーの異なる思考結果を比較検討させ，グループの考えとして練り上げさせる

・話し方・聞き方のひな型を身に付けさせる

・「誰の考えか」ではなく，「考えの中身」を抽出し，グループの考えと

するひな型を身に付けさせる

2-1-4　全体で検討する

・ほかのグループの発表を聞き自分たちのよい点と新たな課題を確認させる

2-1-5　振り返りをする

・自分に知識を活用する力が付いたか自己評価させ，次の学習課題を見出させる

・協働学習の交流が低いレベルのときは，まず交流の前提となる知識と交流の仕方をしっかり定着させてから，次にその知識と交流の仕方をもとにした思考を交流させるという手続きを行っていく

2-2　協働学習の課題に，オーセンティックなテーマをとり入れる

・オーセンティックは「本物の実践」という意味。児童生徒の日常生活や学習経験との関係があり，問題解決の必要性や切実性を感じさせるもの，つまり，解決の価値を感じさせるものを課題にする

・実際に地域にあるスーパーマーケットのチラシをもとに，学習課題をつくる。例えば，同じパンが，3個250円の A 店と5個390円の B 店は，どちらがお得か，などを課題にする

2-3　有意味受容学習（Ausubel，1963）となるような課題にする

・与えられた課題が，児童生徒があらかじめもっている知識や経験と結び付けて捉えられて，学習できるようにする

・新たな学習内容の全体的な構造や枠組みや見通しを，モデルとして示す

・新たな学習内容と既有の知識構造の関連性，類似点や相違点を示す

2-4　「教えて考えさせる授業」（市川，2008）に取り組ませる[※]

・「教える時間」と「考えさせる時間」の配分は実態に応じて調整して，徐々に「考えさせる時間」を多くできるようにする

[※]　この段階では，まだ児童生徒間に学習意欲や学力定着度にばらつきが大きいので，「教える時間」にそのばらつきを小さくして，「考えさせる時間」により対等に協働学習ができるようにします。

④ Lv3：自治性が高い学級集団

＜想定される学級の状態像＞

　学級内にルールが内在化し，学級全体の協働活動や協働学習も整然と活発になされる状態です。ただ，児童生徒のかかわりは，類似性などの特定化信頼の面があり，真の対話ができるような，多様性を受容できる普遍化信頼までには至っていません。

＜学習活動の指針＞

　学習課題の効率的な達成だけではなく，児童生徒の自律性とメンバーの多様性の受容を生かした対話を重視して，協働活動や協働学習の成果を高めていく段階です。

3-1　「協同学習」の既成のプログラムを修正して活用する

・既成のプログラム（Barkley ら，2005）には，話合い，教え合い，問題解決，図解，文章完成等があり，協働学習の学びをより広げ，深める工夫がなされている

・この点は多くの先行研究が提案されており，活用できます。例えば，「課題明示 ⇒ 個人思考（自分なりの回答を準備）⇒ 集団思考（一人ずつ発表）」の手順で授業を構成し，最後にグループで話し合ってより望ましい回答をつくりあげるプログラムである「ラウンド・ロビン」等がある

3-2　PBL の「問題基盤型学習（Problem-Based Learning）」を活用する

・PbBL とは，教員によって提示された「問題」や「シナリオ」を解決することを通して，児童生徒は答えにたどり着くまでの過程（プロセス）自体から，学習していくもの（p.21参照）

3-3　学級全体のメンバーで，考えを交流するクラス討議をとり入れる

・討議のときのリーダー等の役割は，ローテーションさせる

⑤　Lv4：自治性がとても高い学級集団

＜想定される学級の状態像＞

　学級内の児童生徒は，自律性が高く，率直にいろいろな級友と交流ができ，意欲的に協働学習ができる状態です。この段階の児童生徒たちのかかわりは，学級内に留まるだけではなく，学年や学校，そして地域社会にも開かれています。

＜学習活動の指針＞

　一人一人の児童生徒の自律性が高く，協働活動も十分にできるようになっている状態です。さらに発展的な取組みを目指す段階です。このような学級の児童生徒はキャリア意識も高まっており，児童生徒のアイデンティティ形成につながっていく，これからの人生につなげ広げていけるようなテーマの，質の高いアクティブラーニングが求められます。

4-1　ダイアログの要素を取り入れた協働学習を展開する

- ・協働学習したことや取り組んだこと・そのプロセスに対する意味や価値について，児童生徒同士が本音で語り合え（ダイアログ），児童生徒の現在のアイデンティティや世界観を揺り動かす変容的学習（Bowen，2005）となることが理想である
- ・語り合うメンバーは，価値観や考え方が異なる，多様性がある構成にし，「対話」となるように展開する

4-2　PBL の「プロジェクト型学習（Project-Based Learning）」を活用する（Bowen，2005）

- ・PjBL とは，プロジェクトを中心に学習を進めるもの。具体的な問題解決に向けて，論文などの作成を通してチームで学習していくもの（p.21参照）
- ・プロジェクトのテーマや，学習チームのメンバーは，児童生徒の興味・関心で設定させる

13 小学校低学年の学級集団づくり

低学年の課題① 「児童や家庭の多様化」

　「小１プロブレム」は，初めから集団のまとまりはなく，目的も意識もバラバラな児童たちが一つ所に群れて一向にまとまらない状態です。かつては，程度の差こそあれ「先生の言うことは聞くものだ」という意識が児童たちにあり，それなりにあった共通の行動様式を前提とした学級経営ができましたが，現在は難しくなっています。

　原因の一つに，児童一人一人が抱える問題が多様化してきていることがあげられます。その背景には，家庭の多様化があります。各家庭の生活の仕方や価値観にも多様性が広がり，ある家庭では「常識」として躾けてきたことが，別の家庭で育った児童は全く意に介さないということが増えています。このような状況下で，低学年の担任教員がもっとも苦労しているのが，集団生活のルールやマナーを身に付けさせることです。

低学年の課題② 「かまってほしい児童たち」

　低学年が荒れるときに特徴的なのは，甘えたい子が多いことです。児童をきちんと受け止めるだけの余裕がない家庭が，以前より多くなっているのだと思います。家庭で満たされない気持ちは，学校生活のなかで補おうとします。例えば，席に着いていられず，立ち歩いている子に教員がかかりっきりになっているとき，「いいなあ，ぼくもかまってほしい」と同じような行動をとる子が出てきてしまい，学級全体のルールは徐々に崩れ始めます。

学級づくりのポイント① 「まずは児童との二者関係を確立する」

　強く叱責され続けてきた児童と，叱られることなく大事に育てられてきた児童が同じ学級に混在しています。「最初が肝心，ちょっと厳しくても，しつけなければ……」という思いが強すぎると，叱責ばかりの対応になりがちです。注意した児童には効き目がなく，聞いている周りの児童たちのほうが委縮したり，反感をもったりするようになり，先生のことを嫌いに

なっていきます。嫌いな先生の言うことを聞きたくないというのは，ごく当たり前の心理です。

　したがって教員は，まず児童との二者関係をしっかりと形成したうえで，学級内にルールを確立していく必要があるのです。そのためには，「先生，見て，見て」という児童たちの認めてほしい気持ちを受け止め，「がんばっているね」と笑顔で認めるメッセージを，周囲の子が聞いていることを意識しながら，伝えることが大切です。二者関係が形成されてくると，先生の期待に応えようと一生懸命な低学年の姿を見ることができるようになります。

学級づくりのポイント②「優しく諭して，児童の納得をつくる」

　「よし，どの子も認めよう」と心がけていても，様々な児童たちが生活するなかでは，到底認めるわけにはいかないこともたくさん起きます。

　そのときが肝心です。叱責せずに同じことが伝えられないかと考えるのです。児童たちが自分で行動修正できるようにするのが目的ですから，「どうしてそうしたの？」「そうか，悔しかったんだね」「これからどうすればいい？」と，穏やかな口調で受容し，問いかけながら諭します。最終的に児童が教員の言葉に納得し，「ごめんなさい，今度から～します」と笑顔で次の活動へと入っていけるようにしたいのです。

学級づくりのポイント③「楽しく行動させて自然にルールを確立する」

　低学年は，言い聞かせて教えるよりも，ルールを守って行動するプロセスを楽しいものに工夫して，その行動を自然に定着させるようにします。

　例えば，パペット人形をつかって「一言もしゃべらないで，何分でこの教室の片付けができるかな？」と問いかけます。「そんなの５分でできるよ」「えっ，本当～？　そんなに早くできるの？」というやりとりを楽しみながら，「わぁ～，３分でできたね，このクラス，すごいね」とほめて終わるようにしていきます。

　その後，児童たちのよかった点や，ルールの意味について，具体例をあげて説明します。みんなでルールを守って行動すると楽しいという経験により学級内にルールが確立されていきます。

中学年の課題① 「集団体験の不足」

　中学年は，児童らしい活動意欲が高まり，同性の仲間と徒党を組んで遊びまわる時期（ギャングエイジ）です。集団活動に主体的に関与したり，遊びでは自分たちで決まりをつくり，それを守らないメンバーを追及したりするなど，仲間同士の葛藤を経て集団のマナーを身に付けるようになります。

　発達の過程で，ギャングエイジの集団体験は重要な意味をもっていますが，近年の児童を取り巻く環境の変化を背景に，ギャングエイジを経験しない児童が増えてきているとも言われています。それにより，他者を介して自分を客観的に見る機会が失われ，社会性の基礎が学べないまま成長してしまうのではないかと危惧されています。つまり，学校外での集団形成が難しくなっているいま，適切な集団体験を学校で経験させること必要があるのです。

中学年の課題② 「違いに気づき，相手を責める」

　この時期は自他の違いを意識し始めますが，その違いを受け入れることには難しさがあります。「早く作業できる子が，遅れがちな友人を平気で責める」「好き嫌いのない子が，給食を残す友人にきつい言葉を浴びせる」，こういった光景が見られます。中学年は，付和雷同的な行動を取る時期でもあります。目立つ児童の言動や態度に簡単に影響されて，一緒になって囃し立てたり，からかったり，けんかやいじめに発展することがあります。

　対応にあたっては，「みんな違って，みんないい」という価値観を受け入れられるようにすることや，トラブルの発生を抑え込むのではなく，そこから学べるようにする必要があるのです。

学級づくりのポイント① 「教員の参加型リーダーシップでまとめる」

　初めのうちは，教員がリーダーシップを発揮して集団に巻き込み，集団の楽しさを体験させます。一緒に活動しながら「友人の誘い方」「内容や

ルールの確認の仕方」「チームの決め方」「トラブル解決の仕方」など一連の活動のモデルを示します。その後，少しずつリーダーの役割を児童たちに譲り渡していきます。このとき，リーダーになる子を固定しないように配慮することも大切です。うまく活動できるようになったら，教員はフォロワーとなり，活動を盛り上げたり，児童たちのよいところを賞賛したり，ルールを確認させる目的で質問を投げかけたりします。一緒に活動に参加して楽しい時間を共有してくれる教員が言うことに，児童たちは大きな影響を受けます。誰もが真似できるように，できるだけ簡単にモデルを示すこと，そして，常に公正・公平な態度で接することを心がけます。

学級づくりのポイント② 「旺盛な意欲を主体的な集団づくりに生かす」

「やりたい」という気持ちが旺盛な中学年の児童たちですが，実行するには，計画したり，役割や分担を決めたり，必要な用具をそろえたり，様々な段取りが必要であるところまでは考えが至りません。

たとえ「できそうもない」と思っても，児童たちのやる気を全面的に認めます。意味のある活動であれば，児童たちが自分たちでできたことに嬉しさを感じることができるように，教員がお膳立てをしていくことも必要でしょう。「ぼくの発案で，クラスみんなで楽しくスライム作りができた」という思いは次の意欲につながり，自分たちの学級を自分たちでつくっていこうとする主体的で前向きな学級の雰囲気が醸成されていきます。

学級づくりのポイント③ 「認め合う機会を意図的につくる」

班活動や係活動，行事への取組みなどの役割活動は，児童同士で認め合いをさせる絶好の機会です。活動の途中や終末に機会を捉えて振り返りの時間を設定します。そこでは，教員からのプラスのフィードバックはもちろん，児童同士で，「○○さんのアイデアのおかげでうまくできた」「○○くんが手伝ってくれてうれしかった」と，一人一人の貢献や存在を認め合わせます。一人一人に役割がある活動は，全員に「貢献できている」自分を感じさせることができるのがよいところです。それにより，集団への帰属意識や，集団活動の意欲も高まります。一部の児童だけが賞賛される認め合い活動は，認められない児童の劣等感を助長させるので逆効果です。

高学年の課題①「友人の反応が気になる」

　異性の目も気になり始め，「失敗したら恥ずかしい」「笑われたら恥ずかしい」という気持ちが出てきます。授業中，わかっていても発表しなくなる，合唱では大きな声で歌わなくなるなど，体面を気にするようになります。「自分だけ外れた行動をしてしまうのではないか」という不安から閉鎖的な仲間集団が発生しやすくなります。よきにつけ悪しきにつけ友人の目立つ部分を見付けては，同じグループの友人と一緒になって，冷やかしたり，バカにしたりすることで仲間の結束を確認して不安を解消しようとします。また，高学年のいじめは教員の目の届かないところで行われるようになり，問題が表面化するまで気付かないということが起きます。

　高学年は，学級の雰囲気を敏感に察知し，できるだけ多数の友人と同じようにすることで安心を得たい「同調性が強く働く時期」と言えます。不安のグルーピングからの閉鎖集団の形成を防ぐ先手の対応が必要です。

高学年の課題②「理不尽さに敏感になる」

　高学年は児童期から思春期への準備の時期です。自我意識が発達してきて，大人の言動に対する批判力も高まってきます。たとえ教員であっても理屈に合わない言動には，厳しく批判する児童もいます。それを，屁理屈と受け取る大人もいますが，その多くは児童が正論を言っている場合が多いのです。また，表立って批判しない児童たちも，納得がなければ心のなかに無気力や反発心を抱くことでしょう。ごまかすような対応するのでなく，小さな大人として対等な立場で共に語り合うようなかかわりが必要です。

学級づくりのポイント①「学級のことは話合いで決めていく」

　学級生活にかかわる物事は，発言力の強い児童や，教員一人の指示だけで決まるのではなく，一人一人の意見が尊重されるよう話合いを経て決定される必要があります。学級内に生起する問題や，たった一人が困ってい

ることにも目を向け，全員でその問題を理解し，解決のアイデアを出し合い，全員の納得を取り付けることを目指します。提案，話合い，決定，計画，役割分担，実行，振り返りの一連の自治活動のプロセスを，初めは教員が参加しながら支え，しだいに自分たちでできるようにしていきます。

学級づくりのポイント② 「前向きな学級世論を形成する」

高学年は，正しいことだとわかっていても，周りの目を気にして行動に移せない場合があります。初めは，やらなければならない状況をつくり出すことも必要です。例えば，班のメンバーであいさつリーダーの役割を曜日ごとに決め，「あいさつリーダーは，朝，班のメンバーの名前を呼んで元気にあいさつすること」を学級の約束として合意形成します。「はつらつとしたあいさつも自分の意思ではなく，役割としてやっているのだ」と周囲の目は気にならなくなります。

児童たちの姿を随時評価して「みんながするから，私もやろう」と感じられるようにしていきます。前向きな姿を，ほかの学級の教員から「このクラスは，元気なあいさつが交わされていて気持ちがいい」と評価してもらうのも効果的です。「後ろ向きでしらけた態度は格好悪い，がんばりを評価されたほうが気持ちいい」という前向きな学級世論を形成していきます。

学級づくりのポイント③ 「全校のリーダーとしての活躍を認め合う」

全校的な役割活動を通して，高学年としての自信を身に付けさせたいのです。例えば，活動の前に「かっこいい高学年」について考えさせます。「大きな声で指示したい」「困っている下級生がいたら優しく対応する」など次々に目指す姿があげられます。そこで「今日はどんなことをがんばりますか？」と問いかけ，目的意識をもたせてから活動に臨ませます。

そして活動後には必ず，「どうだった？」「次はどうしようか？」と振り返る時間を取ります。振り返りでは，がんばる様子を見ていた友人からの賞賛の言葉や協力の申し出が，ときには，下級生からの感謝の言葉も寄せられます。こうして，全校的な役割活動に対する自己決定を促し，仲間の活躍をともに喜び，支えられるようにしていきます。

16 中学校の学級集団づくり

中学生の課題① 「発達の個人差，多様化が急激に進む」

　中学生は，心身の成長が著しく，個々の興味・関心についても多様化していく時期です。発達的変化の開始時期や速度，程度について，個人差が大きいのも特徴です。さらに，依存と自立の間で悩み，様々な葛藤を抱える時期でもあるため，学校生活において様々な問題が起こります。

　また，近年，日常生活において集団で遊ぶことが少なくなったために，集団体験が不足し，発達上の課題が延期され，対人関係上の問題として現れることもあります。

中学生の課題② 「繊細さとピアプレッシャー」

　特に中学生の場合，思春期特有の繊細さやピアプレッシャーから自分らしさを出すことが難しくなっています。このことから，他者に合わせようとする同調行動が強く表れる可能性があります。そこで，中学校において，集団活動や個別対応を通して，自己の確立などの発達上の課題がクリアできるように援助していくことが大切となります。

学級づくりのポイント① 「多様なメンバーと交流させる」

　新たな学級集団が形成されると，孤立への不安から，初めに交流した者同士や似た者同士で小グループがつくられます。特に中学生の場合，思春期特有の心理的不安定さから，グループがいったん形成されると同調圧力が強まり，グループが固定化され，閉鎖的なものになってしまう可能性があります。そこでグループが固定化することを防ぐためにも，「いろいろなメンバーと交流しましょう」と伝え，普段かかわることの少ないメンバーと交流する機会を多く設けます。

　また，この時期は生き方のモデルとなる存在を探し，自分を重ね合わせながら，自分らしさを形成していきます。そこで「相手のよい点を見付けて，まねできそうなところは，自分なりにアレンジしてまねてみよう」と伝え，他者のよい点などをとり入れたりするように働きかけます。

学級づくりのポイント② 「集団活動を通して自己の確立を支援する」

　自己を確立していくうえで，他者とのかかわりは不可欠です。特に中学生は，思春期特有の心理的不安定さを抱えるため，人とのかかわりのなかで大きく変容する可能性があります。親和的な関係性のある学級集団のなかで，自分や他者のよい点に注目したり，互いの考えを語り合ったりする集団活動を経験することは，肯定的な自己理解や自己有用感の獲得につながるため，自己を確立するうえでとても大切となります。

　しかし，中学生は，集団での活動や自己を語り合うことに対して抵抗感をもちやすく，同調圧力が働きやすい時期でもあります。親和的に見えても自分を出せないまま過ごしている可能性があります。そこで集団活動を行う際，「チームとしてお互いの違いを認めながら協働できる関係を目指しましょう」「人と違う個性はその人の魅力にもなりえます」などと伝え，自分らしさを出しながら活動できるように支援します。

　また，自己を確立していくためには，様々な集団活動を繰り返しながら，自他の違いに触れ，自分の個性とともに多様な他者の存在を受け入れていくことも必要です。教員は，3年間の集団活動を計画的に進め，生徒の状態を把握しながら，段階を追って支援していくことが求められます。

学級づくりのポイント③ 「進路・キャリアの意識づくりを行う」

　中学校段階での進路・キャリアの意識としては，勤労観・職業観の形成や生き方や進路に関する現実的探索を行うことが大切です。しかし，進路・キャリアを考えるための経験や情報が不足していたり，能力や環境による個人差も大きかったりするため，適切に対応することは難しい時期でもあります。そこで進路・キャリアの意識づくりとして，職場体験や職業・資格調べなどを行い，活動の後にグループになって学んだことや感じたことを共有します。進路・キャリアに関する考えや悩みについても折に触れて紹介し，話し合う場を設けます。

　また，生徒が社会の一員として健全な生活態度が送れるように懇切丁寧に援助・指導したり，社会に出てから問題が生じたときにどこに相談すればいいかといったことを伝えたりすることも必要です。

高校生の課題① 「将来の悩みや不安が強まる」

　高校生は，認知的な発達がさらに進むとともに，自らのアイデンティティの確立に向けて深く思い悩む時期にあたります。また，他者とのかかわりや自分の将来について真剣に考えることが多くなります。ただし，思春期から青年期にかけて成長の個人差が大きく，将来に対する考え方などについては多様なものとなっています。

高校生の課題② 「周囲の期待からくるストレス」

　大学受験や社会的な自立が求められる時期で，そのストレスが大きなものになっている可能性があります。

　ただし，そのストレスや生徒が抱える発達上の課題は学校のタイプによって異なります。そのため教員は，生徒の発達段階や個性，意欲といった内面的な面と生徒がおかれている環境や社会状況などの外的な面を踏まえ，生徒一人一人に適したかかわりが必要となります。

「進学校」における学級づくりのポイント

　主体的・意欲的に活動する生徒は多いですが，小グループ間に心理的距離があったり，まとまりが弱かったりすることも少なくありません。生徒たちの協働的な活動の実施と課題解決に向けた合意形成の経験が必要となります。

　これらの活動や体験の絶好の機会となるのが，特別活動です。例えば，教員は，1年間に行われる学校行事とそれらの意義を説明し，生徒たちが話し合いながら主体的に進められるよう支援してきます。その際，「予想される問題は？」「全員がリーダーとフォロワー，両方を経験しているかな？」「課題解決のため何が必要？」といったように，生徒たちの状況を見ながら様々な学びができるように声かけをしていきます。

　このような活動を通しながら，協働して課題解決していく資質・能力を育成し，学習面でも同様に進められるように指導していきます。

「進路多様校」における学級づくりのポイント

　進路多様校では，部活動や趣味に関心や注意が偏っている生徒や，意欲が低下している生徒も少なくありません。学級集団に対する帰属意識がそれほど高くないこともあります。学級のメンバーを交流させるしくみをつくること，行事などを通して協働的な活動を促進させることが必要です。

　メンバーを交流させるしくみとしては，座席や班での活動，役割などを定期的に変化させ，その度に活動内容以外にも学校生活や学習・キャリアなど様々なテーマを設定して振り返りを設定します。つまり，メンバーを変えながら様々なことに関して意見交流できるように工夫します。

　また，協働的な活動を促進させるために，楽しさを共有しやすい行事や活動を行う際に，クラス全体で目標などを話し合ったうえで活動させます。活動後には振り返りを行い，お互いの貢献を確認し合い，多様な他者と協働して得られる一体感を共有していきます。

　このように学級における協働的な活動を通して得られた一体感を共有して，異質な他者と協働していくための資質・能力を育成します。

「非進学校」における学級づくりのポイント

　非進学校の場合，主体的に活動しようとする生徒は少なく，生徒同士の交流も多くないため，学級集団が不安定になっている可能性があります。

　そこで非進学校では，心理的安全性を高めるためのルールの定着を図ったかかわりと集団指導と個別対応の並行したキャリア教育を，意図的に行うことが必要です。ルールの定着を図ったかかわりとして，一つの活動を簡単なルールのもとで短めに展開し，安心して活動できる体験を増やしていきます。また，グループ活動を行う場合，かかわる人数を限定し，短い時間で話し合うことからはじめます。中学校の頃から，二次・三次的援助を必要としていた生徒に対しては，個人差に応じた活動の展開や継続した個別指導も必要です。

　このようにルールの定着を図ったかかわりと集団指導・個別指導の並行したキャリア教育を進めることで，社会の一員として働くために必要な資質・能力を育成していきます。

18 発達に遅れや偏りが見られる児童生徒への対応

共通性の担保と多様性への対応のコンフリクト

　児童生徒同士が協働する対話的な活動を展開するためには，活動の方法
やルールの理解などの一定レベルの資質・能力を共通して身に付ける「共
通性の担保」が求められます。いっぽうで，共通性を強調しすぎると，発
達に偏りがあり特別な支援を必要とする児童生徒（以下：特別支援対象児）
は苦しい状況に追い込まれます。

　自閉スペクトラム症（以下 ASD）は社会的コミュニケーションや対
人的相互反応の障害が診断基準に含まれていますし，注意欠如 / 多動症
（ADHD）は衝動性や感情制御の課題が言われています。こういった苦手
さは対話的な活動において，障壁となることがあります。活動の方法やル
ールを守れないことで，失敗体験を繰り返す可能性も考慮しなければなり
ません。

　苦手だから参加しないということではありません。特別支援対象児も参
加し協働することが大切ですし，社会参加に向けた資質・能力の向上が必
須です。大事なのは，その児童生徒の特性を理解し，得意なこと・好きな
ことは強みとして生かし，できそうなことは練習してスキルアップをねら
い，苦手なことは，必要な援助を受けて参加ができるように調整すること
です。児童生徒が活動へ参加し児童生徒同士が協働できるように橋渡しを
することが，教員個々の力量やチーム力として求められています。

チームで取り組む学級経営

　教員がそれぞれ独自の指導や支援を行っていては，成果は望めません。

　ある学級では，担任教員が，ディスカッション中に立ち歩くことを，そ
の児童が落ち着くために必要な時間と捉えており，本人とも「教室内であ
れば立ち歩いてもよい」ということを相談で決めていました。ところが，
サポートで入った別の教員が，その行動を認めないことがありました。教
員間での対応が一致しないことで，児童は不安になりディスカッションに

集中することが難しくなりました。

　安心な環境を担保することも，活動のルールを守ることもどちらも間違っていません。問題は，方針が教員ごとに異なり，指導や支援の一貫性が失われたために，児童が混乱してしまったことです。

特別支援対象児のことを知るための個別のアセスメント

　指導や支援の一貫性を担保するためには，適切なアセスメントを行うことが重要です。標準化された知能検査や質問紙調査などの客観的な指標と，観察，面接などの情報を統合的に活用します。アセスメントを行うことにより，教員間でバラバラになっている児童生徒理解を整理・統合することができます。

　視覚情報の理解が得意な ASD の児童生徒を例に，具体的な支援を検討してみましょう。対話的な活動を行ううえで，意欲や不安などの心理状態，指示内容や活動方法の理解，思考や整理，意見や発表，振り返りなど，多様なものごとに対するアセスメントと具体的な支援が必要です。対話的な活動に不安を感じ，意欲が落ちていることがわかっている場合は，視覚的に理解できる授業内容の見通しが有効かもしれません。思考や整理が苦手な場合は，ホワイトボードやマインドマップなどの思考ツールの活用が支援につながります。意見や発表が苦手な児童生徒には，ICT の発表ツールやチャットでの意見交換が支援となることがあります。

　対話的な活動の参加や協働を目標とする場合，具体的に障壁となる事象を検討し，本人の特性に合った支援をすること，そして，どの教員がかかわっても同じ目標に向かっている環境をつくり出すことが必要です。そのためにはアセスメントの活用と具体的な目標の共有が必須です。

特別支援対象児の「環境」となる学級のアセスメント

　児童生徒にとっての「環境」となる，学級の状態のアセスメントも重要です。日本が2014年に批准した障害者の権利に関する条約では，障害は，個人の特性と「環境」との相互作用であるとされています。学校生活を送る児童生徒の障害は，その特性と「環境」との相互作用によって生まれます。そして，学齢期の児童生徒にとって「環境」の大部分は学級です。し

たがって，学級の状態と児童生徒の特性の相互作用を検討することは，対話的な学習を進めるうえで欠かせないことです。

　特別支援対象児の状態が良好であったとしても，学級の状態に課題がある場合，そこで起こる相互作用の影響を受けて状態が悪化することは想像に難くないでしょう。具体的な合理的配慮があったとしても，それを発揮する「環境」が苦しいものであれば，大きな効果は望めません。例えば，児童生徒たちが落ち着かず，学習の展開がうまくいっていない学級において，対象児個別に思考ツールを使った場合，ほかの児童生徒から「ずるい」と言われるようなことは容易に想像できます。

　合理的配慮は，ニーズに合わせて提供されるものであり，どのような「環境」でも保障されるべきものです。しかし，周囲児の承認感が満たされないなかでの個別支援が，かえって特別支援対象児の学級適応にマイナスの影響を与える結果となるかもしれません。「環境」となる学級の状態を安定させていくことが，結果として特別支援対象児が力を発揮することにつながります。

対応の基本　全体対応・個別対応・架け橋対応

　特別支援対象児にとって，支援が無いままに周囲児と対話的な活動をすることは，負担や不安を感じることにつながるかもしれません。心理的なストレスから二次障害となる可能性もあります。

　学級で相互交流を増やし，対話的な活動を行う際には，特別支援対象児に対して，積極的な支援を展開していくことが必要です。具体的には以下のような指導や支援を同時に展開していきます。

① 　全体対応：学級全体を見据えた全体指導や支援
② 　個別対応：全体指導のなかで，一部に配慮が必要な児童生徒に対する指導や支援
③ 　架け橋対応：特別支援対象児と周囲児をつなぐ指導や支援
④ 　個別対応：具体的な個別支援が必要な特別支援対象児に対する指導や支援
⑤ 　架け橋対応：特別支援対象児とほかの教員をつなぐ指導や支援

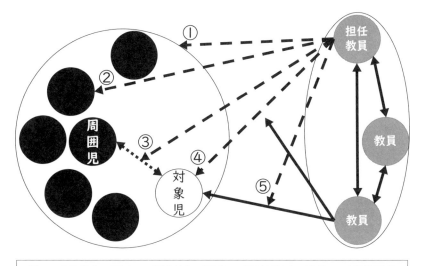

①……全体対応 ②④……個別対応 ③⑤……架け橋対応 破線……対児童生徒

図11 特別支援対象児と周囲児への対応のあり方のイメージ

　深沢・河村（2021）は，特別支援対象児を集団に位置付けることをねらったインクルーシブ指導行動と，そのなかに含まれる，特別支援対象児と周囲児との相互理解の促進や意思疎通を支援する教員の「アドボカシー機能」の重要性を指摘しています（図11では③や⑤の架け橋対応のことを指す）。例えば，「特別な支援を必要とする理由や必要性について納得できる説明をする」ことや，コミュニケーションが苦手な「対象児の気持ちを代弁して周囲の児童生徒たちに伝える」ことなどがあげられます。特別支援対象児を教室に位置づけ，対象児と周囲児の協働を支援するインクルーシブ指導行動を行うことが求められています。

参加を目指した対話の視点

　明るく活発な学級が，「聴覚過敏のある児童生徒にとっては辛い環境となる」といったような葛藤が生まれることがあります。環境と本人の状態との相互作用は調整できることも多く，目指すべきは参加や協働であることを考えて，どのような指導や支援があれば活動できるかの対話を重ねていくことが重要です。

19 通級・特別支援学級との連携

本人の状態やニーズに合った環境や支援の選択

　特別支援学級に在籍する子どもの数は2007年の113,377人（文部科学省，2008）に対して2017年では236,123人（文部科学省，2018）となり，特別支援教育の開始から10年間で約2倍の人数となっています。場の分離という視点から考えるとインクルーシブ教育とは逆行する現象が起こっています。では，通常学級で受け入れていくことが大事なのでしょうか。そうは言っても，子どもの教育ニーズに対する視点が欠けていると「ダンピング」（特別な教育を必要とする子どもが何らの配慮もなく通常の学級で学んでいる状態）となる危険性があります（文部科学省，2010）。インクルーシブ教育の実現においては，通常学級での支援から環境を分けた特別支援学校まで，ニーズに合わせて選択できることが重要です。そして，選択した環境で本人の特性に合わせた適切な支援や合理的配慮を受けられることが求められています。

早期連携の重要性（特別支援学級との連携）

　地域の学校に特別支援学級がある場合は，子どもの住んでいる地域で環境に配慮した支援を受けることができる可能性があります。通常学級との連携という視点で具体例を見ていきましょう。

　小学校入学後すぐに通常学級での学習に付いていくことが難しくなり，不登校傾向が見られていた子どもについて，翌年度からの特別支援学級の利用を検討しました。休みがちになった段階から特別支援学級の教員や管理職が観察とケース検討を繰り返し，複数の視点から支援の必要性を確認しました。その後，保護者との面談，本人の気持ちの聞き取りを行い，次年度からの利用を見据えて，一部取り出しで体験的な活動を特別支援学級で行いました。次年度に特別支援学級に転籍し，本人に合ったペースで学習することで安定して登校できるようになりました。交流先は同じ担任が持ち上がった前年の在籍学級としました。対人関係では問題がなく，交流

にはとても満足している様子が見られました。

　この事例でポイントとなるのは，①できるだけ早期に校内での複数の視点によるアセスメントとケース検討を行うこと，②本人と保護者の意向をできる限り尊重すること，③子どもの負担が少なくなるように段階的な環境の移行を行うこと，④地域や仲間との関係性を重視することの4つです。①については，特別支援学級へつながらなかったとしても，できるだけ早期に行うことが適切な支援を見出し，二次障害を防ぐことにつながります。

共通認識とPDCAサイクルの重要性（通級との連携）

　通級との連携では，対象となる子どもの目標が通常学級の教員と通級の教員で一致しているかがポイントになります。具体的な事例で見ていきましょう。

　コミュニケーションが苦手な子どもに対して，担任教員は話合いでの具体的なスキルをサポートしてほしいと思っていました。いっぽうで，通級の教員は苦手な協働活動で傷付いた気持ちを支えるために，安心できる活動を主体にしていました。担任教員が観察に行くと，対象となる子どもは楽しそうに遊んでいるだけに見えたことから，管理職にクレームを上げました。

　この場合，子どもの気持ちに寄り添い安心できる環境を用意することも，具体的なスキルを練習することもどちらも間違ってはいません。問題は，教員間の連携がとれておらず，子どもの状態に応じて設定される多様な学びの場の連続性が機能していないことです。

　取組みに対する一貫性を保障するためには，①関係のある複数の教員でアセスメントとケース検討を行い，「意識的」に共通認識をもつ，②対象となる子どもや保護者のニーズを確認し目標を設定する，③支援の一貫性が確認できるように，教員間，保護者と連絡を密に行う，④一定期間で取組みの振り返りを行い，目標の再設定を検討する，などPDCAサイクルを回転させていくことが求められています。

協働活動や協働学習に影響を与える
幼児期までの発達の問題と対応

協働活動や協働学習の基盤となる非認知能力

　協働型の学習活動を通して，児童生徒が資質・能力を獲得していくためには，その前提として「人間関係を形成・維持できる」「集団に参加して建設的に協働活動ができる」ような能力が必要です。例えば，自分で考えて選択して行動する「自律性」や，感情を管理する「自制心」，他者と協働活動ができる「協調性」などです。これらは「非認知能力」と呼ばれます。いわゆる学力と呼ばれる認知「以外」の能力であり，道徳性や意欲，学びに向かう力や長期的計画を実行する力などを含み，認知能力の形成と発揮を支えるものです。近年，ノーベル賞を受賞したヘックマンの指摘によってその重要性が注目され，幼児期までに十分育成することが重要だと指摘されています（Heckman, 2013）。以下に，その骨子をエリクソンの漸成的発達理論をもとに説明します。

　　1) 乳児期（0～1歳半ごろ）　母親との情緒的結び付きである愛着（アタッチメント）を形成する時期です。不十分だと対人不安が強く，対人関係に消極的になりがちで，自律性や協働性の基盤が育ちません

　　2) 幼児前期（1歳半～3歳ごろ）　養育者からのしつけを通してルールを守ることを学びます。しつけが不十分な場合，幼児的全能感（泣いて要求を通そうとする）をひきずり，自己中心的な行動をとりがちになり，自制心が育ちません。反対に，しつけが厳しすぎる場合，親の顔色を窺いながら行動するようになり，自律性の形成が妨げられます

　　3) 幼児後期（3歳～6歳ごろ）　養育者からのしつけと自身のやりたいこと（内発的動機）の葛藤の中で，両者のバランスをうまく調整しながら，自他ともに納得できる行動をとれることが目標です。達成されると積極性が身に付きますが，不十分ですと消極的になります

　現代の児童生徒はこれらの形成が不十分なことが危惧されています（文部科学省, 2011）。

現代の学校の問題の特徴

　学校には，幼児期までの非認知能力の形成が不十分なまま入学する児童生徒が一定数います。そのような児童生徒は，学校では自己中心的な行動を取ったり主体的に行動できなかったり，ほかの児童生徒と親和的に協働活動ができない等，非建設的な行動として表出されることが多いのです。

　2000年代に入った頃から学校現場では，小学校に入学した1年生が，教室でじっとしていられない，走り回る，教員の話を聞かない，指示に従わない，授業中，勝手に教室のなかを立ち歩いたり，教室の外へ出て行ったりするなどの行動が起こり，クラス全体の授業の展開に支障が出ている「小1プロブレム」の問題が注目されてきました（文部科学省，2009）。

　さらに近年，文部科学省の「児童生徒の問題行動・不登校等生徒指導上の諸課題に関する調査」では，「暴力行為」の発生件数が，中・高校で減少しているのに対して，小学校では急増し，小学2年生では2006年度から2016年度までの10年間で，実に10倍以上になっています（文部科学省，2017a）。

現状からの計画的な支援

　教員が協働型の学習活動を通して，児童生徒の資質・能力を育成していくためには，現状を踏まえて展開していくことが期待されます。例えば，小1プロブレムへの対応として，小学校に入学した児童がスムーズに学校生活に適応していけるように，多くの自治体で，入学当初には「スタートカリキュラム」（文部科学省，2017b）が実施されています。

　幼児期に遊びを通して育まれてきたことが，各教科等における学習に円滑に接続されるように，生活科を中心に，合科的・関連的な指導や弾力的な時間割を設定したり，指導の工夫や指導計画を作成したりすることで，児童の適応の向上を目指しているのです。具体的には，4月は毎日，学級の朝の会終了後の1時間目に，みんなで歌を歌ったり（音楽），踊ったり（体育），言葉や数のゲームをしたりする時間を設定して，教員と，児童同士との，リレーション形成に努めている学校は多いです。そして，2時間目以降の授業にスムーズにつながるようにしているのです。

（参考資料）Q-U で見る学級集団の特徴

親和的なまとまりのある学級集団（親和型）

Q-U 侵害行為認知群	学級生活満足群	ルール高 × リレーション高
学級生活不満足群	非承認群	ルールとリレーションが同時に確立している状態

学級集団にルールが内在化していて，その中で，子どもたちは主体的に生き生きと活動しています。子ども同士の関わり合いや発言が積極的に為されています。

かたさの見られる学級集団（かたさ型）

ルール高 × リレーション低

リレーションの確立がやや低い状態

一見，静かで落ち着いた学級集団に見えますが，意欲の個人差が大きく，人間関係が希薄になっています。児童生徒同士で承認感にばらつきがあります。

ゆるみの見られる学級集団（ゆるみ型）

ルール低 × リレーション高

ルールの確立がやや低い状態

一見，自由にのびのびとした雰囲気に見えますが，学級集団のルールが低下していて，授業中の私語や，子ども同士の小さな衝突が見られはじめています。

不安定な要素をもった／荒れの見られる学級集団

ルール低 × リレーション低

ルールとリレーションの確立が共に低い状態

学級集団内の規律と人間関係が不安定になっています。または，「かたさの見られる学級集団」や「ゆるみの見られる学級集団」の状態から崩れ，問題行動が頻発しはじめています。

教育環境の低下した学級集団（崩壊型）

ルール喪失 × リレーション喪失

ルールとリレーションが共に喪失した状態

子どもたちは，学級集団に対して肯定的になれず，自分の不安を軽減するために，同調的に結束したり，他の子どもを攻撃したりしています。

拡散した学級集団（拡散型）

ルール混沌 × リレーション混沌

ルールとリレーションの共通感覚がない状態

ルールを確立するための一貫した指導がなされていないと考えられます。子どもたちの学級集団に対する帰属意識は低く，教員の指示は通りにくくなっています。

第2章

フラクタルな連携が
「真の自治的集団」を実現する

現代的な，ハードルの高い学校教育の課題を解決するために

　学校教育に期待される内容はますます増加し，多様化しています。教員が個人でその変化と多様さを受けとめて対処するのは，すでに限界を超えていると考えられます。これからのすべての教育活動は教職員がチームとなる組織を形成して，連携して対応することが必要条件になるのです。児童生徒の実態とニーズを適切に捉え，それを基に，全教員で協議して確立した学校経営の大きな方針を設定することが第一歩です。学級集団づくり・学級経営も，組織対応のなかで展開されることが必要です。

　教員個々が，「学校経営のもとに学級がある」という意識をもつことも必要です。すでに，従来の学級担任制ではなく，学年を複数の教員で担当する学年担任制度などの形態を実施している学校も見られます。学級集団づくり・学級経営のあり方について，大きな発想の転換が始まっています。

オープンな組織，学習する組織をめざして

　協働できる教員組織をつくり，教員間でのばらつきを減らし，各教員の教育実践を確実なものにすることが必要です。教育実践は継続的な取組みで，多義性があり，一つの捉え方（価値軸）で評価することは難しいものです。しかし，教員の個業や自己流については問題点もあります。

　確実に組織対応ができるためには，公約数となる共通の捉え方（価値軸）をもち，それに基づいて児童生徒理解と対応，学級集団づくり，集団での学びの展開のあり方について，教員間で共有できていることが必要です。

　さらに，教員が「チーム」となることを目指します。「チーム」は，「目標を共有し，メンバーがフラットに協働できている状態」です。「協働」は，「様々な主体が，主体的，自発的に，共通の活動領域において，相互の立場や特性を認識・尊重しながら，共通の目的を達成するために協力すること」です。

2　学校経営における PDCA の基本的な考え方

カリキュラム・マネジメントの背骨は PDCA サイクル

　学校経営の大きな方針，カリキュラム・マネジメントのもとに，すべての教育活動を，組織対応で，PDCA サイクルで展開することが求められています。

　カリキュラム・マネジメントとは，児童生徒への教育を充実させるために，各学校の問題を解決するための手立てを具体的に計画し，実践し，その評価を行い，よりよいものに改善していく，この一連の作業です。すべての教職員が PDCA サイクルのすべてに参加し，みんなで学校教育を適切に展開していく営みなのです。

みんなで改善サイクルを共有する

　PDCA サイクルは，元々は，企業の事業活動における生産過程や品質維持の管理業務を円滑に進める手法の一つです。「Plan（計画）→ Do（実行）→ Check（評価）→ Act（改善）」の4段階を繰り返すことによって，業務を継続的に改善することを目指すものです。取組みに終わりがないと言われる教育実践には，まさにマッチする手法と言えます。

　4段階を組織的な教育実践に適用する場合は，以下のような内容です。

1) Plan（計画）……学校に所属する児童生徒の実態（学習面，生徒指導面など）を把握する。現状を詳細に分析し，事業計画（ビジョン）である教育課程を作成する

2) Do（実行）……「計画」に沿って教育課程を組織的に遂行する

3) Check（評価）……教育実践の成果について，「実行」が「計画」通りに展開されているか確認する。全教職員でこれらの点について，客観的な指標を用いて分析し，結果に基づいて熟議し，的確に「評価」する

4) Act（改善）……取組みが「計画」通りにいっていない部分を検討し，「計画」や行動の仕方を「改善」する

学級集団づくりを，PDCA サイクルをまわして展開する

　p.135の4段階を順次行って，1サイクル実行したら，最後の改善策が次の計画に活かされるようにつなげ，PDCA サイクルを継続的に実施していくことで，教育実践を改善していくのです（河村，2017c）。

　学級集団づくり・学級経営も例外ではなく，学校経営の大きな方針，カリキュラム・マネジメントのもとに，組織対応で，PDCA サイクルを継続的に実施していくのです。

各段階の留意点

　学級集団づくり・学級経営における PDCA サイクルの4段階で，留意する点は次のようなものです。

①「Plan（計画）」段階の留意点

　確実に組織対応につなげる，教員たちが協働できるようにするためには，「児童生徒を捉える視点」と「学級集団の状態を捉える視点」に共通の指標をもち，実態把握を詳細にすることが必要です。問題を生起させている要因を明確にして，そのうえで学級集団づくり・学級経営の計画を立てるのです。

②「Do（実行）」段階の留意点

　この段階の留意点は，実行内容と方法について，教員たちの協働の検討会を通して，具体的に実施することです。

　一つは，「Plan（計画）」の段階の詳細な実態把握に基づいて，教員が取り組むべき内容を具体的にすることです。「すべての児童生徒がわかる授業をしよう」などの曖昧なものでは不十分です。

　「学力定着率の中間層より，やや下の層の児童生徒の学習意欲が低い」などの詳細な実態把握に基づいて，「全体の授業の構成はどうするのか」「学力定着率の中間層より，やや下の層の児童生徒のグループ構成はどうするのか」など，行動内容を明確にすることが求められます。

　もう一つは，教育実践に関するエビデンス（実証的な証拠）のある方法論を整理して，共有することです。教員たちが協働で方法論について検討し，そこから担任教員が選択できるようにしていくことが大事です。

　つまり，学級集団づくり・学級経営に関する全責任と取組みを，担任教員に丸投げしてはだめであり，教員チームでやっていくことが求められるのです。

③「Check（評価）」「Act（改善）」段階の留意点

　「Plan（計画）」で用いた指標は，第三者が納得する客観的指標（出席日数，テストの点，心理検査の結果など）を用いることが必要です。その指標によって，「実施前→実施後」の変容を，適切に検討することが求められます（有意差検定を行えると，なおよい）。それが的確な評価につながるのです。

　「Check（評価）」の段階が客観的に検討されれば，「Act（改善）」も，どのような取組みに効果が見られ，どのような取組みは効果が乏しいなどが明確になります。次年度はどのような取組みを継続し，どのような取組みは修正すべきなのか，判断が付くのです。

　成果に伴う問題は，教員個人の責任にせず，実態と対応のマッチングの問題として捉えます。教員たちの協働で検討していくことが必要です。

　それによって，個々の教員の学級経営に関する不安も軽減され，個業に陥りがちな教員のマインドを教員組織に開かれたものにし，徐々に協働できる教員組織も形成されていくのです。

学級集団づくりがハイレベルに展開される学校の共通点

　特定の教員の学級が，児童生徒の「主体的・対話的で深い学び」を促進する理想の学級集団の状態を形成していることはよくありますが，さらに望ましいのは，学校のほぼすべての学級がそのような状態になっている状態です。

　河村（2017c）は，学校の教育成果について，3段階の模式図で示しています。校内の教育成果が高いAのレベルの学校では，学校経営の大きな方針のなかで，各教員の学級集団づくり・学級経営が，組織対応のなかで展開されているのです。まさに，教育力の高い学校と言えます。

　B，Cのレベルの学校が，猛然とがんばればいつしかAのレベルになるということはありません。そうなるためには，計画的に，組織的に取り組むことが求められるのです。

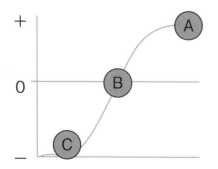

A　教育成果が高い学校

B　教育成果が平均的な学校

C　教育成果が低い学校

図12　学校の教育力の3段階（河村，2017c）

「学校経営に位置づいた学級経営」の取組みを阻む壁

多くの学校に放置されている問題は，次の4点です（河村，2017c）。

① 教育実践のあいまいさ

学級集団づくりや授業の展開について，その目標・方法が教員間で共有されていることが必要です。あいまいになっていると，教員は個業として取り組むようになります。それが教育実践のばらつきを生むのです。個業とは，個人の考えで仕事を自己完結的に遂行することです。個業の状況が続くと，教育実践が自己流になっていく傾向があります。

② エビデンスではなく，教育実践が3K（経験，慣習，勘）で展開される

教育実践が，有効性が認められた教育方法や対応の仕方，実証的データに基づく展開ではなく，教員個々の恣意的な経験や慣習，勘などに依存したものに留まっている状態です。児童生徒の実態やニーズのアセスメント，教育実践の評価も，実証的な分析に基づくことが乏しくなっています。

③ 遂行目標志向で教育実践に取り組む

ある問題に対応するのに，新たに文献を調べたり，実践研究をして問題解決をしていこうとする人の目標志向を，「習得目標志向」と言います。それに対して，「遂行目標志向」が強い人は，自分のプライドを守るため，得意な実践は目立つように取り組むのですが，苦手なものや不都合な結果に至った実践は，隠すような対応をとります。個業で実践が行われていると，自然と，遂行目標志向で実践に取り組む傾向が出てきてしまうのです。

④ 教員組織が疎結合システムになっている

疎結合システムとは，個々の教員の独立性と分離性が保たれることが目指される，弱い関係性の状態です。校内の教員同士が相互不干渉なのです。この組織に所属する教員は，教育上の問題に対して組織的に対応するという意識が弱くなるだけではなく，各自の教育実践に関して教員同士で相互評価することを避ける傾向が強くなります。

自分が評価されたくないので他者も評価しないのが，組織の暗黙のルールとなります。疎結合システムが働いている教員組織は，教育実践が自発的に改善されることはなく，徐々に，より停滞していくのです。

学級集団づくりを軸とするチーム連携の実践

学校全体で質の高い学級集団づくりをめざす

　Aの学校（p.138）は，校内の教員たちが意識して上記の4つの問題の改革に組織的に取り組んだ結果，Aの学校になったのです。そこには，多くの工夫があったと思います。本項では，Aの学校のモデルとして，山梨県甲州市の学校の取組みを紹介したいと思います（河村明和，2018ab）。

甲州市の学校の取組み

　甲州市の各学校のほとんどは，学級集団育成を基盤とした学力向上のプロジェクト開始前後は，BとCの間のレベルでした（p.138）。各学校の学級のQ-Uのプロットは，「かたさの見られる型」「ゆるみが見られる型」の学級の混在がありました。つまり，市内の各学校は，校内で教育実践の統一性が乏しく，かつ，各学校の教員組織も教育目標の共有化の弱い「横並びの教員組織」の状態であったと考えられます（河村，2017c）。

　このような状況に対して，当時，甲州市立塩山中学校の保坂一仁校長はQ-Uを導入しました。学級集団づくりに基づく教育実践改革を計画的に推進し，数年後，塩山中学校は近隣の教育関係者が目を見張るような大きな成果を上げました（学力面や生徒指導面，かつ，部活動の成績等）。その後，保坂先生は甲州市の教育長になり，塩山中学校の方式を市内全体の学校にも普及させていきました。

　この取組みも大きな成果を上げました。甲州市の児童生徒の学力面を見ると，当時の全国学力・学習状況調査では，小中ともほとんどの教科で全国平均値を上回りました（詳細な報告は藤原祐喜氏（当時甲州市教諭）が『指導と評価』2017年12月号～2018年2月号に寄稿しています）。

　以下，甲州市の学校の取組みのポイントを，PDCAサイクルの各段階に沿って解説します。

① **Plan（計画）の段階の取組み**

　教員間で，次の1)と2)が明確にされて，共有されていました。

1）目標とすべき学級集団像とそれに至る学級集団育成の方法

2）現状の学級集団の状態を捉える方法

2）にＱ-Ｕを取り入れていました。Ｑ-Ｕは「実施し，その結果を分析し，確実に介入する」，この３つを徹底することで成果につながります。全国には，残念ながら，この３つのプロセスを各教員に任せ，その結果，学級間で大きなばらつきが生まれてしまう，Ｑ-Ｕを教育実践の改善に活かせていないケースも増えてきました。甲州市では，チームで確実に遂行するように工夫しているのです。

- ・市全体でＱ-Ｕの実施時期（4月末）・分析時期（5月中旬～6月中旬）を設定。確実に1学期中から結果を活用できるようにしている
- ・分析のための雛型を用意（入力式 Excel ファイル「アタックシート」）。教員個々が確実に担任する学級の分析ができるようにしている
- ・ルールとリレーションの確立度に沿った学級集団の状態の見立て方と育成方法，特定の個別対応に直結する項目の確認を通した個別支援の見立て方と対応方法の雛型を提案して，教員個々が担任する学級にばらつきが少なく，確実に対応できるようにしている

② **Do（実行）の段階の取組み**

学級づくりの基盤となる「あいさつ」と「授業規律」については，4月の一か月の間，全市で統一して定着するように取り組むというように，大枠のポイントは全体で確実に取り組んでいました。ほかにも次のような取組みがありました。

- ・「アタックシート集」（※）を作成し，自分の学級の状態に近似した他校の実践方法を，検索して活用できるようにしている（※各校から回収した記入済みのアタックシートの内容を集約したもの）
- ・「Ｑ-Ｕ式座席表」（※）を作成し，4群の児童生徒に合った支援・指導が，校内の教員たちにブレが出ないようにしている（※個別最適な声かけを使い分けるために，児童生徒の所属群を座席表に表記したもの）

③ **Check（評価）の段階の取組み**

この段階で問題となるのは，実践の評価が，教員の手応えや観察データ

等，その教員にとって都合のよい指標だけを用いて評価してしまうことです。これでは何が最も効果的かも共有されず，是々非々で取り組めません。甲州市では，標準化された心理検査であるQ-Uを核にして，いくつかの指標（学力テスト，出席日数等）の分析結果を組み合わせて，実態把握を行っていました。どのような取組みに効果が見られ，どのような取組みは効果が乏しかったかなどを，ひな型のある整理シートに各教員がまとめていたのです。それが校内で整理され，それをみんなで検討し，継続する取組みと改善すべき取組みを明確にしていました。

　さらに，各校のデータは，市全体として集積されてまとめられ，すべての教員がそこにアクセスでき，自分の実践に活用できるようになっていたのです。

④　Act（改善）の段階の取組み

　この段階は，Check（評価）の段階で客観的に検討された結果を，教員たちが受け入れることができて，次の改善策につながっていくのです。

　各教員の取組みが校内で可視化され（全教員の取組みが市全体でタイプ別に整理されている），実態に基づいて次に何をするのかという，自然と習得目標志向で実践するようなしくみが，校内にできていました。

甲州市の学校の取組みの組織面での工夫

　甲州市の取組みは，「学校経営に位置づいた学級経営」の取組みを阻む壁に，確実に対応し，各学校のPDCAサイクルの推進を支えています。各学校の各学級で，教員個々の一つ一つの取組みが確実に実行されるように，甲州市の教育委員会が「やり方の提示——取り組む時間の確保——振り返りの設定」などを，市全体の大枠と具体的な方法の選択肢を，教員たちが納得できる形で，しっかりと提示しているのです。

　さらに注目すべきは，学級集団の状態に合った教育実践の叩き台として，「ティーチャーズノート」を市内全職員に配付しています。授業規律のあり方，授業の構造化，主体的・対話的で深い学び等の授業展開のあり方，学習づくりとしてのQ-Uの活用の仕方，Q-Uの分析方法などがまとまっています。そこから各学校・各教員が自主的に選択して取り組むという流

れになっており，各学校の教員たちの主体性が担保されているのです。

　このようなプロセスを取ることで，市全体の取組みが，教員個々にとって「やらされている」実践ではなく，自分たちの取組みとなる働きをしていると考えられます。そして，教員たちはこの取組みにコミットすることによって，さらに自分なりの意味を，実践を通して見出せることが多かったと思われます。このようにして，甲州市の教員たちは，自律的な動機をさらに高め，具体的な実践として具現化していたと考えられます。

よい状態を意図的に継続していく

　甲州市では，大きな成果を上げた後も，ワンパターンやマンネリに陥らないように工夫しています。市からの提案が各学校の自律的な取組みにつながるように，次のような取組みを行い，よい状態を継続させています。

- ・各学校の研究主任を集めて簡易版Q-U分析方法の研修会を実施し，その後，各校で研究主任たちが伝達講習をするようにしている
- ・新たに甲州市に異動してきた教員たちなどを対象に，初級コースの研修会を実施し，教員間に温度差が広がらないようにしている

　つまり，教員組織内に，しくみとして「支え合い・学び合い・高め合い」の風土ができるようにしているのです。

教員組織で活動するための基盤

　次の3点の環境が組織に当たり前のようにあることで，教員の評価されることへの抵抗は少なくなり，組織対応ができる基盤を支えています。

- ・学級経営や児童生徒との対応に悩んでいる教員が，気さくにほかの教員に相談できる環境や，定期的に学年団で授業や行事の取組みについて話し合う環境がある（支え合い）
- ・教員同士で授業を参観し合い，議論し合う環境や，教員同士で授業展開の工夫などを自主学習会などで教え合う環境がある（学び合い）
- ・研究校の公開授業に誘い合って参加するような環境や，自主的に参加した研修の内容を報告し合うような環境がある（高め合い）

　以上によって，教員組織は，教員たちの「主体的・対話的で深い学び」がある「学習する組織」になっていたと考えられます。

6 みんなで支え合うシステムと 「学級集団づくりスタンダードプラン」

全校体制で学級集団づくりを推進する意義について共通理解を得る

　リーダー（校長）は，学校経営方針に学級経営を位置づけ，全校体制で学級集団づくりを推進するというビジョンを教職員に示します。ビジョンを説明する際，先行事例（研究）や教職員の抱える困難さなどを踏まえ，共感的な理解が得られるように努めます。

　例えば，次のようなことを伝えます。

・「教育実践の成果を上げている学校は，学級集団の状態を良好に保つことによって教育環境の基盤をつくり，そのうえで絞り込んだ学校課題について教職員が協働して取り組んでいます。学級集団づくりは，様々な学校課題を解決するために，全校体制で取り組むべき最初の課題です」

・「学級集団づくりは年々難しくなってきています。学校内のすべての学級が親和的な学級集団になることを目指し，全教職員で支え合い，学び合いながらチームで取り組んでいきます」

　全校体制で学級集団づくりを推進することで，教員個人と学校組織の目標を一致させることができます。そのことを意識づけ，教職員の所属意識やモチベーションを高めます。

学級集団づくりのスタンダードを共有し実践する

　学級集団づくりは，それぞれの教員の経験知によって考え方や実践方法が異なります。そこで，足並みを揃えた実践を行うために，Q-Uにおける学級集団づくりの理論と方法論をもとに自校の実態を加味した「学級集団づくりスタンダードプラン」を作成し共有します。

　スタンダードプランは，ポイントを絞り込み4ページ程度のリーフレット形式（A3二つ折り）にまとめると実用的です。作例をpp.146-149に掲載しています。以下と合わせてご覧ください。なお，掲載のリーフレットの作成には，河村茂雄『学級集団づくりのゼロ段階』『学校管理職が進める教員組織づくり』（ともに図書文化）を参考にしました。

1) 1ページ目：表紙（p.147）は，成果目標と実践目標を示します。例えば「80パーセント以上の学級を親和的な学級集団にする（成果目標）」「Q-Uを活用した学級集団づくりを推進する（実践目標）」などです

2) 見開き（pp.148-149）は，12か月の具体的な取組み内容を示します。項目は，「活性度」を高めるための「ソーシャルスキル教育」「各行事」「授業における言語活動」「学級活動の話合い活動」，「安定度」を高めるための「ルールの内在化」と「リレーションの形成」，それらを育てる教員の「リーダーシップ」や「指導行動（自律性支援）」などです

3) 4ページ目（p.146）には，共有する必要がある定義や方法などを示します。例えば「目指す学級集団」「PDCAサイクルで進める学級集団づくりと1年間のポイント」「話合い活動の進め方」などです

　1年間の校内研修計画にスタンダードプランを位置づけ，学び合いながら実践力を高めていきます。また，必要に応じて職員朝会や終会，Q-U事例検討会などで進捗状況を確認したり，学年間の取組みを揃える話合いで活用したりします。

学級集団づくりのシステムと組織を構築する

　学級担任がQ-Uを活用して，PDCAサイクルで学級集団を発達させる取組みを全教職員で支えるシステムを構築します。まず，システムを先につくりそれを動かす組織を明確にします。これらを機能させることによって，実践が着実に積み上がり，教員間に深い学び合いが生まれます。

　例えば，Q-Uの結果が出たら，学級担任は「整理票」をまとめながら学級の状態を把握します。次に，学年部などのチームで結果や整理票を活用して当該学級の「事例検討会」を行います。学級担任は，提案された対応策のなかから実践することを決定し，PDCAサイクルの枠組みで構成された「学級づくりカード」に記入し，次の一手を明確にします。

　個別支援については，学校生活意欲尺度や回答一覧の素点などのデータを活用して教育相談や個別懇談会を行います。「要支援群」の児童生徒は，管理職や養護教諭，級外職員が全校分を一覧表にまとめ，特別支援教育部会や生徒指導部会で活用できるようにします。

目指す学級集団（多様性を包含する自治的な学級集団）

＜安定度 × 活性度＞を高める
・自由で温かい雰囲気でありながら，集団としての規律に基づいて規則正しい生活が送れている
・学級内に親和的で支持的な人間関係が確立し，いじめがなく，すべての児童生徒が学級生活・活動を楽しんでいる
・多様な個性や学び方を認め合い，すべての児童生徒が主体的に学習や学級の活動に取り組んでいる
・児童生徒同士の相互作用による学び合いが生まれている
・いろいろな人と人間関係を結びながら（普遍化信頼），児童生徒が自治的に活動している

学級集団づくりのPDCAサイクル

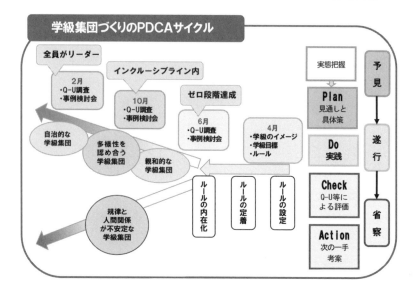

話合い活動（１）の進め方

【段階】	事前	本時	事後
【場面】	①問題に気付く ②問題を意識化する	③伝え合う ④比べ合う ⑤まとめる	⑥実行する ⑦振り返る
【教師の支援】	・必要感，当事者意識がもてる課題設定 ・1人1人が考えをもてる手立て ・短冊の活用 ・アンケートの活用	・役割分担　・ルールの明確化 ・可視化　　・提案しやすい隊形 ・賛成，反対ではなく，様々な考えの発表を促す ・提案理由を意識し，根拠を明確にした発言 ・提案理由からそれた時はすぐに指導 ・決められた時間内での結論 ・安易に多数決で結論を出さず，少数意見にも耳を傾ける	・話合いを踏まえて実践するために，役割や時期を明確化 ・学級目標や活動のねらいと照らし合わせた振り返り

（1ページ目：表紙）

令和〇年度　〇〇小学校　学級集団づくりスタンダードプラン

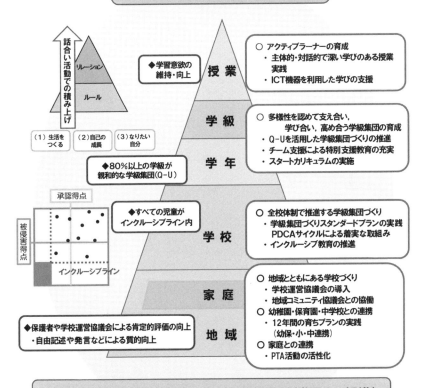

教育目標

自ら考え　力を合わせ　やりぬく

一人一人（個）を伸ばす

話合い活動での積み上げ

リレーション

ルール

（1）生活をつくる　（2）自己の成長　（3）なりたい自分

◆学習意欲の維持・向上

授業
○ アクティブラーナーの育成
・主体的・対話的で深い学びのある授業実践
・ICT機器を利用した学びの支援

学級

学年
○ 多様性を認めて支え合い，学び合い，高め合う学級集団の育成
・Q-Uを活用した学級集団づくりの推進
・チーム支援による特別支援教育の充実
・スタートカリキュラムの実施

◆80％以上の学級が親和的な学級集団（Q-U）

承認得点

被侵害得点

インクルーシブライン

◆すべての児童がインクルーシブライン内

学校
○ 全校体制で推進する学級集団づくり
・学級集団づくりスタンダードプランの実践
　PDCAサイクルによる着実な取組み
・インクルーシブ教育の推進

家庭

地域
○ 地域とともにある学校づくり
・学校運営協議会の導入
・地域コミュニティ協議会との協働
○ 幼稚園・保育園・中学校との連携
・12年間の育ちプランの実践
　（幼保・小・中連携）
○ 家庭との連携
・PTA活動の活性化

◆保護者や学校運営協議会による肯定的評価の向上
・自由記述や発言などによる質的向上

自主向上性と同僚協調性が高い教職員集団（学習する組織）

◆……成果目標　　○……実践目標

147

（3ページ目）

3月	2月	1月	12月	11月	10月
	Q-U調査③ 教育相談③ 事例検討会③		学校評価	多層指導モデル MIM-PM 個別懇談会	Q-U調査② 教育相談② 事例検討会②
私たちの1年間を振り返ろう ・学級の実態に応じて「挨拶」「上手な話の聴き方」「温かいメッセージ」等	温かいメッセージを伝え合おう（感謝する） ・ありがとう	気持ちのよい挨拶や受け答えをしよう ・笑顔で ・相手を見て ・相手に聞こえる声で ・名前も付けて ・必ず返す	私たちの2学期を振り返ろう ・学級の実態に応じて「挨拶」「上手な話の聴き方」「温かいメッセージ」等	温かいメッセージを伝え合おう ・気遣う ・励ます ・ほめる ・感謝する	
◎3学期終業式 ◎卒業式 ○6年生を送る会	◎親善スキー大会（4・5・6年） ◎太鼓引継ぎ式 ○スノーキャンドル	○3学期始業式	○2学期終業式		○音楽発表会
考えを伝え合うことで自分や集団の考えを発展させる					理由や立場を明確
○一年間を振り返ろう ○・学級目標の達成度と自分たちの成長を確かめる会をしよう ・学級仕舞いの会をしよう	○六年生に感謝する会を成功させよう	○一・二学期の経験を踏まえて、より楽しく過ごしやすいクラスにするために必要な係を決めよう	○お楽しみ会を計画しよう ・学級目標の成果と課題を明確にする	○生活のなかの問題を解決しよう	○音楽発表会を成功させよう ・学級目標達成に向けて音楽発表会で何を意識してクラスで何かを活動していくかをクラスについて振り返りを行う ・音楽発表会後、個人とクラス
○学級ルールを振り返らせる ・学級目標を達成するためのルールが内在化した度合いを振り返り、学級としての成長を共有し喜び合う			○学級ルールを振り返らせる ・学級目標を達成するためのルールが内在化した度合いを振り返り、学級としての成長を共有し喜び合う	○冬の遊びとルールを確認する	○学級目標とルール、日々の行動の一貫性を確認する ・児童が主体的に行動するためのシステムを確立する
・友達のよいところを認め、感謝の気持ちを伝え合う	○みんなの役に立った喜びの体験を語る（変化性と自己開示） ・学級の係活動や課題解決に向けて協力して活動する	○児童の主体性を尊重する	・学級目標と照らし合わせながら自分たちができるようになったところや友達のよいところを認め合う	・係や学習活動で学級全体とかかわる	・音楽発表会に学年全員で協力して取り組み、一体感を共有（凝集性） ・音楽発表会で役割を果たし交流している人を認め合う（役割交流＋感情交流） ・多様な評価の視点を与える
★このクラスでよかったと思えるような活動（学級仕舞いの会など）をつくろうとする次年度へのよい学級につなげる ★本学級への満足感をさらによい学級につなげる意欲に	★活動を見守る姿勢で臨む ★★学級活動の問題やみんなで取り組むべき点など、児童が気づいていない視点を与える		★活動の内容に応じていろいろな児童がリーダーシップやフォロワーシップを柔軟に発揮するよう全体的な視点でサポートする	☆リーダーを経験した多くの児童が、建設的なフォロワーとなるよう働きかけ続け自治的な学級集団を目指す	☆おとなしい児童もリーダーシップを発揮するという状態を目指す ・児童が自分たちで活動できる枠組みを事前に活動させてから取り組ませる ☆自治的に活動できるシステムをこの時期までに確立する
委任的な対応（自治的な集団）			委任的な対応（全体集団）		

148

（2ページ目）

8・9月	7月	6月	5月	4月	月	
	学校評価	Q-U調査① 教育相談① 事例検討会①	多層指導モデル MIM-PM	全国学力・学習状況調査 知能検査　NRT	調査 教育相談	
気持ちのよい挨拶と返事をしよう ・笑顔で ・相手を見て ・相手に聞こえる声で ・名前も付けて ・必ず返す	私たちの1学期を振り返ろう ・学級の実態に応じて「挨拶」「上手な話の聴き方」「仲間の誘い方・入り方」等	仲間に入ろう・友達を誘おう ・近づく ・相手を見る ・聞こえる声で言う ・笑顔で言う	上手に話を聴こう ・今していることをやめる ・相手を見る ・反応する ・最後まで聞く	気持ちのよい挨拶と返事をしよう ・笑顔で ・相手を見て ・相手に聞こえる声で ・名前も付けて ・必ず返す	生活目標 身に付けさせたいソーシャルスキル Social Skills Education（SSE）	児童間の相互作用を高める（活性度）
◎2学期始業式 ◎親善陸上大会（5・6年）◎マラソン大会	◎自然教室（5年）◎1学期終業式	◎修学旅行（6年）◎いじめ見逃しゼロ月間	◎運動会	◎1学期始業式 ◎入学式 ◎1年生を迎える会	◎学校行事 ◎児童会行事	
にして伝えることで自分の考えを深める	すべての児童が自分の思いや考えを他者に分かりやすく伝える				授業づくり（知的言語活動）	
一学期の経験を踏まえて、より楽しく過ごしやすいクラスにするために必要な係を決めよう	・お楽しみ会を計画しよう ・学級目標と成果と課題を振り返ろう 課題を明確にする	・生活のなかの問題を話し合って解決しよう	・運動会を成功させよう 学級目標達成に向けて活動していくかクラスの具体的な活動を決める 運動会後、個人とクラスについて振り返りを行う	一年生を迎える会を成功させよう どんなクラスにしたいか考えよう 楽しく過ごしやすいクラスにするために必要な係決	学級活動 ・話合い活動① ・留意点（テーマ）	
・学校のルールブックを再確認する 学級目標を達成するためのルールの再確認を行う 係生活活動、対人関	・学級ルールを振り返らせる ための内在化度合いを振り返り、学級としての成長を共有し喜び合う	・学級ルールを内在化させる	・学級ルールを定着させる ルールを守って行動している児童がいいときにそのルールに照らして考え判断させる	・学校のルールブックを確認する 学習する係生活、活動、対人関 学級目標を達成するためのルールを認識する	・ルールの内在化 ・留意点	学級集団を育てる（安定度）
・新しいメンバーでの活動で、友達のよいところを認め合う	・全体の活動に割り振り、中集団に活動できるようにする	・小集団から中集団の活動へ広げる 建設的な言動ができる人を増	・四人組の活動へ広げる 班の役割や係活動などで自分の役割を果たしている人を認め合う（感情交流）	・ペアから小集団の活動へ広げる 班活動や係活動で役割を明確にして学級全体に返し、対人関係のマナーを学ぶ体験を積ませる ＊一部の人間関係トラブルも問題解決する 適宜SGEを取り入れる	・リレーションの形成 ・留意点	
★活動の内容に応じてリーダーが選ばれる状態を目指す ☆新たな状態に意識性が高まった児童がリーダーシップを発揮できるよう水面下で支えるフォロワーを育てる ★役割間の連携をさり気なく支援する ☆児童が評価されるフォロワーシップを発揮する雰囲気を形成する	☆小集団が開かれた状態になり、中集団で連携できる状態を目指す ★学級の波に乗れない児童には個別に対応する ★活動後にメンバー間の連携を高める自己効力感をさり気なく支援する場	☆「リーダーシップを発揮する児童がローテーションし始める」という状態を目指す ★リーダーを経験した児童がフォロワーに回るようにする ☆話し合い活動に慣れさせる	☆小さなルール違反でも決してあいまいにしないルールを守って行動している児童を積極的に認め要請する ★ルールを守って行動している児童を積極的に認め褒める	☆コアメンバーを形成するグループでも中心となる行動をするリーダーを学級の中につくる ☆多様な意見や学び方を認め合う大切さについて学ぶ よりよいクラスをつくるのは自分たちだという自覚をもたせる ☆モデルとなる行動を学級のリーダーに示す UD教室環境をモデルとして示す（インクルーシブ教育）UDデザイン	★☆リーダー・フォロワーの育成 ★教師の（自律性）支援	教師のリーダーシップ・指導行動
参加的な対応		説得的な対応		教示的な対応		

堅固なヒエラルキーがある

　単学級には，私的リーダーを中心としたヒエラルキーが存在しています。単学級におけるヒエラルキーは，保育園など小学校入学前から構築されてきたもので，かなり堅固です。

　ほとんどの児童生徒は，そのヒエラルキーを，当然のこと，仕方がないこととして受け入れています。そのため，学級内では，自分の地位に準じた役割を果たしています。また，友人に対する一面的な見方が固定しています。それが，ヒエラルキー形成の要因になっています。

児童生徒の意識を変えていく

　まず，児童生徒が自治的集団に意識を向けるようにしていきます。そのためには，担任教員が，4月に，フラットな人間関係のよさを意識できるような学級づくりの方針を，児童生徒に宣言します。例えば，「互いのよさを認め合い，みんなで協力して一つのことをやり遂げる」などです。そして，夏休みまで活動をさせながら，ことあるごとに方針を意識させていきます。

　次に，友人に対する固定観念を見直すように促していきます。友人をどう見るかについては，担任教員の見方も大きくかかわっています。例えば，教卓に座席表を貼って，児童生徒のよさや得意なことについて，教員が書き込んでいきます。児童生徒はいつでもこの座席表を見ることができるようにしておきます。児童生徒が座席表を見ることによって，自分では気が付くことができなかった友人のよさなどについて，新しい発見ができるように工夫するのです。これは，1年間続けます。

縦割り班（異学年交流）活動で，集団の民主的な運営を体験する

　単学級は，児童生徒の考えが固まっていることが多く，から，「みんなで話し合って対策を練る」などといった展開にはなりにくく，リーダー的な児童生徒の指示で動く傾向があります。そこで，学校全体で，縦割り班

活動に取り組みます。小学校を例に見ていきます。

　縦割り班は，1年生から6年生までの全学年の児童で構成し，リーダー役割は6年生が担当します。できれば，班の6年生は一人にするのが望ましいです。複数の場合は，交代でリーダー役割をするようにします。

　縦割り班活動がうまく活動するには，以下の点に留意します。

①　遊びから始める

　縦割り班活動は，まず「遊び」（縦割り班遊び）から始めます。みんなで楽しく遊ぶことを通して，班員がかかわりをもつようにしていきます。1学期は，縦割り班遊びを活動の中心にします。

　次に，学校全体の清掃活動を縦割り班で行う「当番」（縦割り班清掃）活動に取り組みます。割り当てられた場所を，一人一人が自分の役割を果たし，みんなで協働してきれいにしていくことによって，班員のかかわりが深まるようにします。2学期は，縦割り班清掃を活動の中心にします。

②　みんなで話し合う

　活動の計画や方法，振り返りなどについて，みんなで話し合います。その際，6年生のリーダーや上級生は，下級生の意見もしっかり聞くなど一人一人の意見や考えを大切にして，一つにまとめておくようにします。ここで大切なことは，話合いの時間を確保することです。あらかじめ，年間計画に設定しておきます。

③　児童の主体的な活動にする

　教員主導で行うのではなく，教員はサポート役に徹します。話合いが行き詰まったとき，活動中に問題が起きたときなどは，6年生のリーダーを支援して，児童みんなで解決するように働きかけます。この指導方針は，縦割り班活動にかかわるすべての教員が共通理解し，全校体制「チーム」学校で取り組みます。

ICTを活用した人間関係の広がり

　最近では，学校の枠を超えて，ICTを活用して遠隔地の学校と連携し，単学級同士の「同学年交流」に積極的に取り組んでいる学校も増え，児童生徒の資質・能力の育成を図っています。

8 Q-Uを児童生徒理解の共通言語にする

教員間の連携の難しさ

　学校内の教員間の連携が必要なことは，頭では理解できているものの，実際には，難しいという声をよく聞きます。

① 共通理解を図るための場の設定が難しい

　忙しい学校現場では，連携の前提となる，教員間の共通理解のための場の設定が設けにくいことがあげられます。その理由として，教員間の信頼関係（良好な人間関係）がないと共通理解の場の設定自体が難しいという課題があります。

② 共通理解すること自体に時間がかかる

　また，設定の場と時間が確保できたとしても，建設的に連携する方法論が共有されておらず，共通理解には時間がかかると考えられています。

　最優先されることは，いま，目の前にいる児童生徒に対してどのような支援を行うかです。そのためには，児童生徒の実態の共通理解を積み重ねていくことが有効なことは言うまでもありません。共通理解が積み重なることで，教員間の連携による効果的な指導の実現ができます。

　これを実現するためには，日頃から，学校全体の目標や児童生徒一人一人の課題と目標を話し合い，役割分担を明確にし，児童生徒の反応に臨機応変に対応しながら，その後，児童生徒の様子について振り返り話し合う場を設けることが必要です。

Q-Uが共通言語になることで生じる有効性

　教員間の連携が実現している学校では，Q-U※が共通言語として頻繁に交わされています。その有効性に関して以下のような声があります。

　　・ベテランや新任の教員間でも，Q-Uが共通言語として確認し合うことできる。そこから教員間の学びのなかに，相互作用が生まれている

　　・教員間の連携の際の共通のものさしになる。児童生徒の対応や授業や活動の展開の仕方を揃えることができる

・学年や学級担任が替わっても，教員の対応や指導に一貫性が保たれる。それぞれの教員の対応や指導に一貫性が無いと，「あの先生には，これはダメだと言われた」「この先生には，それは特に注意されなかった」と児童生徒の戸惑いが生じる。児童生徒にとっては何が正解なのかわからなくなると，教員たちのそれぞれの顔色や態度に応じた行動が強化されていく

客観的な数値をもとに，解決志向で話し合う

また，Q-Uには結果が客観的な数値で確認できるという利点もあります。その数値や帳票のコメントを参考にして，そのクラスが，ひいては学校全体が，今後どうすればよくなるか，解決志向で話し合っていくことが，結果の活用における最も重要なポイントと言えます。

教員間の児童生徒理解を多角的に深める

「3つの目」という比喩表現があります。物事を見る際は，虫の目，鳥の目，魚の目という3つの視点を使うことで，物事をバランスよく，深く理解ができるという意味です。

これを，学級経営における教員の視点に当てはめてみると，「虫の目」とは，事象一つ一つに近づいて様々な角度から細部を見つめる複眼の視点，つまり児童生徒一人一人の変化や普段の様子から，それぞれの児童生徒の意欲や普段の行動を紐づけて確認することができる視点です。「鳥の目」とは，事象全体を俯瞰で把握する視点，つまり学級全体がいまどのような状態（型）であるか，また，学級生活に不満があったりなじめていなかったりする児童生徒がいないか，どのような状態か把握ができる視点です。最後の「魚の目」とは，潮の流れを読むがごとく，現状を敏感に感じとる視点，つまり学級の集団発達の段階が，成熟に向かっているのか，または退行しているのかを見極めて確認することができる視点です。

Q-Uの学校規模での活用により，この「3つの目」を教員間で駆使でき，より児童生徒理解を多角的に深めることが可能になると言えます。

※　Q-Uは，児童生徒の学校生活への満足感と意欲を調べる，標準化された心理検査です。検査については，『学級づくりのためのQ-U入門』（河村茂雄，図書文化）などが参考になります。

9 能動的に教員のメンタルヘルスを維持する

学級集団づくりと教員のメンタルヘルス

　自分の受けもつ学級集団が崩れ始めると，教員は不安を感じてこれまでの自分のやり方に固執して解決を図ろうとします。しかし，上手くいかないことも少なくありません。

　「教員の言うことには従うべきだ」と考える管理意識の強い教員は，より統制の強い指導で学級を立て直そうとします。しかし，それまでの指導で「やらされ感」を感じている児童生徒の反発を招いて，事態はより悪化してしまいます。いっぽう，個々の児童生徒との関係性を大切にする教員は，学級が荒れ始めるとさらに丁寧な個別対応で解決を図ろうとします。しかし，集団形成にとって必要なルールの定着が不十分なままでは成果につながらず，やはり学級の状態は悪化してしまいます。

　学級を立て直せずに状態が悪化していくと，自己効力感（自分にはできるという感覚）を喪失して，教員としての意欲が低下して，結果としてメンタルヘルスの悪化を招いてしまうことになります。

　このような自分の指導のクセは，無意識に繰り返されているので自分一人で気付くのは難しいことです。気が付くためには，同僚や先輩に相談するなど他者との対話を通して，自分の指導を振り返ることが重要です。

悩んだときこそ相談を

　相談する相手が職場にいる割合は，企業の労働者と比べて，教員は顕著に少ないことが指摘されています（河村，2017c）。また，せっかく愚痴を言い合えるような人間関係が職場にあっても，それを建設的に生かさなければ解決に至りません。「児童生徒に問題があるから仕方がない」「家庭のしつけの問題だから」と児童生徒や保護者を他責的に捉えた愚痴を繰り返しても，一時の安心は得られるかもしれませんが，問題の解決には至らず，常に愚痴を聞かされる相手も嫌になってしまいます。

　本当に苦しいときは，言い訳をせずに，正直に悩みを自己開示すること

が解決策になります。話を聞いてもらい自分のつらさを理解してもらえることが救いにつながるのです。そして，同僚や先輩と語り合い，問題に向き合うことで，自分の指導のあり方に修正が求められていることに気が付くことになります。

ふだんから何でも話せる関係をつくる

　問題が大きくなり，切羽詰まった状態になってから人に相談するのは，ハードルが高く感じられて躊躇してしまいがちです。そうならないためにも，職員室では，日頃から，真面目な話や本音の思いを気楽に話せる関係性をつくっておくことが大切です。

　例えば，気にかけてくれる同僚や先輩教員に話をしてみます。職員室で相談しづらいときは，保健室を訪ねて養護教諭に相談にのってもらう方法もあります。職場に親身に相談に乗ってくれる相手がいない場合は，転勤した元同僚や，ゼミの教官や教職に就いている大学時代の友人などの外部の人に相談してみるのも有効です。特に大学時代の仲間は，同世代であり似たような悩みを抱えていることも多いと思います。

　自分のストレスとなっている問題に関する研修会に参加して，講師や参加者と話をすることで適切なアドバイスがもらえることがあります。研修会への参加により自分の解決能力が高まることも期待できます。

新たな学びへ

　教育実践で悩みを抱えたとき，新たな学びをとり入れて教員としての力量を向上させることは有効な解決策になります。研修会に参加して効果的な対処法について学ぶやり方もありますが，思い切って研修制度を活用して大学院で集中して学ぶという選択肢もあります。教員が大学院で学ぶ意義は，見慣れてきたものを新しい視点で見直すことにあります。これまで経験してきた教育実践を，新たな知見をとり入れて整理することで，俯瞰して捉えることができるようになります。大学院で系統的に深く学ぶことにより，自分のなかに専門領域が確立され，教員としての自信につながります。いずれにしても学び続けることにより，教員としてのアイデンティティが再構築されて，メンタルヘルスも改善されていくのです。

10 外部の研修会・学習会での学びの意義

校内の研修だけでは不十分なことがある

　校内の研修は自校の課題に即したテーマ設定で行われるとともに，メンバーが児童生徒の実態を共有しているため，自分の授業や実践に即時に生かしやすい側面があります。また，継続集団での取組みとなるため，同僚性が高まり，協働意識が醸成されやすいのも利点です。

　いっぽう，校内の研修だけではどうしても不足する部分が出てきます。それについては，外部の研修に参加して補うこともできます。

外部の研修に参加する意義

① 自分の必要に応じた研修内容を選択可能

　一つ目は，教員一人一人の必要に応じた，力量形成の場としての役割です。自らが選択する学びの場やテーマであるため，自分の身に付けたい専門性を獲得することができます。

② 先行知見や他地域の動向を知る機会となる

　2つ目は，先行知見や他地域の動向を知る機会としての役割です。教員は，高度化，複雑化した教育課題への対応が求められ，最新の知識や技能，そして，実践の理論的な背景を学び続けることが必要です。また，他地域の取組み内容や成功事例を知ることで，教育実践の視野が広がります。

③ 教育実践を実証的に検討する機会となる

　3つ目は，教育実践を実証的に検討する機会としての役割です。外部の研修のなかには，実践発表の場が設けられるものもあります。そうした場を積極的に活用し，実証的な観点をもって実践を整理し直すことにより，外部の研修は自らの実践を振り返る機会となります。また，参加者相互の交流によって得られた知見を活用し，自らの教育実践を高めていくことができるのです。

自分の成長と組織の成長

① 同じ問題意識をもつ異なる環境にいる人との交流

表7　校内の研修と外部の研修との比較

	校内の研修	外部の研修
メリット	・研修時間と予算の配当がある ・自校の課題に即した研修内容 ・実態や研修目的の共有により同僚性が高まり，協働意識が生まれやすい	・自分の必要に応じた研修内容を選択可能 ・先行知見や他地域の動向を知る機会となる ・教育実践を実証的に検討する機会となる ・同じ問題意識をもった意欲的な人と交流することができる
デメリット	・自身のニーズにそぐわない場合がある ・参加者の意欲に差があり，形骸化しやすい ・教育実践を教員の経験則に基づいて議論する傾向があり，研究成果が「手前みそ」的に留まりやすい	・時間と費用が必要 ・自分の実践に置き換えて，研修内容を捉え直す必要がある ・個人的な成果に留まりやすい（校内での協働や学校の課題の改善につながりにくい）

　外部の研修では，地域，校種，職種を越えた，教育にかかわる様々な人々との学び合いが，自らの考えや行動の変容につながるきっかけになります。また，自校の課題に関する内容など自校内では話しづらい悩みに適切なアドバイスをしてくれたり，課題の解決方法を共に考えてくれたりする仲間もできます。特に，ロールモデルにしたいと思えるような教員との出会いは，教員としてだけでなく，一人の人間として生きていくうえで，自分自身の成長を支える原動力になります。

② 　学んだことを組織にも伝えることの価値

　外部での学びを所属する組織に生かすことも大切です。自校の教員組織の力量形成に取り入れるのです。校内で学び合う教員仲間の輪を広げ，一緒に外部の研修に参加したり，率先して教育活動に関する検討会を行ったりすることで，学習する組織へと変えることができるのです。

　校内研修と外部の研修の両方を活用することにより，自校の同僚だけでなく，外部にも共に学ぶ仲間をもちながら，また，実践と理論を往還しながら，自らの力量形成を図っていきたいものです。

引用・参考文献

Albanese, M. A., & Mitchell, S. (1993). Problem-Based Learning: A review of literature on its outcomes and implementation issues. *Academic Medicine*, 68(1), 52-81.

阿曽奈生・須田康之（2020）．職場外におけるノンフォーマル学習による教師の学びに関する考察——学生期から初任期への移行に着目して．学校教育コミュニティ：兵庫教育大学と大学院同窓会との共同研究論文修集，（10），42-45.

Ausubel, D. P. (1963). *The psychology of meaningful verbal learning.* Grune & Stratton.

Ausubel, D. P., & Robinson, F. G. (1969). *School learning: An introduction to educational psychology.* New York: Holt, Rinehart and Winston. 吉田彰宏・松田彌生（訳）（1984）．教室学習の心理学．黎明書房．

Bandura, A. (1977). *Social learning theory.* Englewood Cliffs, NJ: Prentice Hall.

Bandura, A. (1986). *Social foundations of thought and action: A social cognitive theory.* NJ: Prentice Hall.

Barkley, E. F., Cross, K. P., & Major, C. H. (2005). *Collaborative learning techniques: A handbook for college faculty.* San Francisco, CA: Jossey-Bass.

Biggs, J. B., & Tang, C. (2003). *Teaching for quality learning at university.* 2nd ed. Berkshire, England: The Society for Research into Higher Education & Open University Press.

Bowen, S. (2005). Engaged learning: Are we all on the same page?. *Peer Review*, 7(2), 4-7.

Brown, J. S., Collins, A., & Duguid, P. (1989). Situated Cognition and the Culture of Learning, *Educational Researcher*, 18(1), 32-42.

Deci, E. L., & Ryan, R. M. (1985). *Intrinsic motivation and self-determination in human behavior.* New York: Plenum Press.

Deci, E. L., & Ryan, R. M. (1987). The support of autonomy and the control of behavior. *Journal of Personality and Social Psychology*, 53, 1024-1037.

Deci, E. L., & Ryan, R. M. (2000). The "what" and "why" of goal pursuits: Human needs and the self-determination of behavior. *Psychological Inquiry*, 11, 227-268.

藤原寿幸（2019）．小学校中学年における学級目標を基盤としたR-PDCAサイクルによる学級づくりの事例——生徒指導の視点から捉えた学級経営．早稲田大学教職大学院紀要，（11），65-84.

深沢和彦・河村茂雄（2021）．インクルーシブな学級を構築する担任教師の指導行動の抽出．教育カウンセリング研究，11（1），1-12.

Gergen, K. J. (1994). *Realities and relationships: Soundings in social construction.* Cambridge, MA: Harvard University Press. 永田素彦・深尾誠（訳）（2004）．社会構成主義の理論と実践——関係性が現実をつくる．ナカニシヤ出版．

Heckman, J. J. (2013). *Giving kids a fair chance.* MIT Press. 古草秀子（訳）（2015）．幼児教育の経済学．東洋経済新報社．

本田秀夫（2017）．自閉スペクトラム症の理解と支援——子どもから大人までの発達障害の臨床経験から．星和書店．

市川伸一（2008）．「教えて考えさせる授業」を創る——基礎基本の定着・深化・活用を促す「習得型」授業設計．図書文化．

International Baccalaureate Organization (2009). *Making the PYP happen: A curriculum framework for international primary education.* Cardiff: International Baccalaureate organization.

伊佐貢一（編）（2014）．学級づくりがうまくいく　全校一斉方式ソーシャルスキル教育小学校．図書文化．

Johnson, D. W., Johnson, R. T., Holubec, E.J., & Roy, P. (1984). *Circles of learning:*

Cooperation in the classroom. Alexandria, VA: Association for Supervision and Curriculum Development. 石田裕久・梅原巳代子（訳）（2010）．学習の輪——学び合いの協同教育入門．二瓶社.

Johnson, D. W., Johnson, R. T., & Holubec, E.J. (1993). *Circles of learning: Cooperation in the classroom.* 4th ed. Edina, MN: Interaction Book Company.

Kagan, S. (1994). *Cooperative learning.* 2nd ed. San Juan Capistrano, CA: Resources for Teachers.

河村明和（2018a）．PDCAサイクルの展開を継続していくポイント（2）——自主・向上性と同僚・協働性を統合して高める．指導と評価，64（10）.

河村明和（2018b）．PDCAサイクルの展開を継続していくポイント（3）——個人と組織の関係．指導と評価，64（11）.

河村茂雄（1998）．校内研究の分析．岩手大学教育学部研究年報，58（1），71-80.

河村茂雄（2003）．教師力——教師として今を生きるヒント．誠信書房.

河村茂雄（2005a）．若い教師の悩みに答える本．学陽書房.

河村茂雄（編著）（2005b）．学級担任の特別支援教育——ここがポイント個別支援と一斉指導を一体化する学級経営．図書文化.

河村茂雄・粕谷貴志・鹿嶋真弓・小野寺正己（編著）（2008）．Q-U式学級づくり中学校．図書文化.

河村茂雄・藤村一夫・浅川早苗（編著）（2008）．Q-U式学級づくり小学校低学年．図書文化.

河村茂雄・藤村一夫・浅川早苗（編著）（2009a）．Q-U式学級づくり小学校中学年．図書文化.

河村茂雄・藤村一夫・浅川早苗（編著）（2009b）．Q-U式学級づくり小学校高学年．図書文化.

河村茂雄（2010）．日本の学級集団と学級経営——集団の教育力を生かす学校システムの原理と展望．図書文化.

河村茂雄（編著）（2011）．実証性のある校内研究の進め方・まとめ方——Q-Uを用いた実践研究ガイド．図書文化.

河村茂雄（2012）．学級集団づくりのゼロ段階．図書文化.

河村茂雄（監），鈴木敏城・水谷明弘・苅間澤勇人・小野寺正己（編著）（2013）．集団の発達を促す学級経営高等学校．図書文化.

河村茂雄（2014）．学級リーダー育成のゼロ段階．図書文化.

河村茂雄・武蔵由佳（編著）（2015）．実践「みんながリーダー」の学級集団づくり小学校．図書文化.

河村茂雄（2015）．こうすれば学校教育の成果は上がる——課題分析で見つける次の一手．図書文化.

河村茂雄（2017a）．アクティブラーニングを成功させる学級づくり——「自ら学ぶ力」を着実に高める学習環境づくりとは．誠信書房.

河村茂雄（2017b）．アクティブ・ラーニングのゼロ段階．図書文化.

河村茂雄（2017c）．学校管理職が進める教員組織づくり．図書文化.

河村茂雄（編著）（2017d）．学級担任が進める特別支援教育の知識と実際．図書文化.

河村茂雄（2018）．主体的な学びを促すインクルーシブ型学級集団づくり．図書文化.

河村茂雄（2019）．アクティブラーナーを育てる自律教育カウンセリング．図書文化.

河村茂雄・武蔵由佳（編著）（2019）．教育心理学の理論と実際．図書文化.

河村茂雄（2020）．二つの大きな学校教育の課題に正面から取り組む学校から学ぶ(2)．指導と評価，66（1），30-32.

國分康孝・國分久子（総編集）（2004）．構成的グループエンカウンター事典．図書文化.

溝上慎一（2014）．アクティブラーニングと教授学習パラダイムの転換．東信堂.

文部科学省中央教育審議会（2003）．初等中等教育における当面の教育課程及び指導の

充実・改善方策について（答申）（平成15年10月7日）.

文部科学省（2008）. 特別支援教育資料（平成19年度）. https://www.mext.go.jp/a_menu/shotou/tokubetu/material/020.htm（2022年3月9日）.

文部科学省（2009）. 子どもの発達段階ごとの特徴と重視すべき課題. 子どもの徳育に関する懇談会「審議の概要」（案）（平成21年7月）.

文部科学省中央教育審議会（2010）. 特別支援教育の在り方に関する特別委員会（論点整理）（平成22年12月24日）. https://www.mext.go.jp/b_menu/shingi/chukyo/chukyo3/044/houkoku/1300890.htm（2021年11月27日）.

文部科学省（2011）. 子どもたちのコミュニケーション能力を育むために――「話し合う・創る・表現する」ワークショップへの取組（コミュニケーション教育推進会議審議経過報告）（平成23年8月29日）.

文部科学省（2017a）. 児童生徒の問題行動・不登校等生徒指導上の諸課題に関する調査.

文部科学省（2017b）. 第1章 総則 第2の4 学校段階等間の接続（1）. 小学校学習指導要領（平成29年告示）.

文部科学省中央教育審議会（2018）. 特別支援教育資料（平成29年度）. https://www.mext.go.jp/a_menu/shotou/tokubetu/material/1406456.htm（2022年3月9日）.

文部科学省中央教育審議会（2021a）.「令和の日本型学校教育」の構築を目指して――全ての子供たちの可能性を引き出す，個別最適な学びと，協働的な学びの実現（答申）（中教審第228号）（令和3年1月26日）.

文部科学省（2021b）. 今，求められる力を高める総合的な学習の時間の展開（小学校編）（令和3年3月）. https://www.mext.go.jp/a_menu/shotou/sougou/20210422-mxt_kouhou02-1.pdf（2022年3月16日）.

野島一彦（監），三國牧子・本山智敬・坂中正義（編著）（2015）. ロジャーズの中核三条件 共感的理解（カウンセリングの本質を考える，3）. 創元社.

佐藤学（2006）. 学校の挑戦――学びの共同体を創る. 小学館.

ポール・ハーシィ，ケネス・H.ブランチャード，デューイ・E.ジョンソン（2000）. 行動科学の展開 入門から応用へ（新版）――人的資源の活用――. 生産性出版.

Schunk, D. H. (2001). Social cognitive theory and self-regulated learning. In B. J. Zimmerman & D. H. Schunk (Eds.), *Self-regulated learning and academic achievement: Theoretical perspectives*. New Jersey: Lawrence Erlbaum Associates. 125-151.

田中博之（編著）（2013）. 学級力向上プロジェクト――「こんなクラスにしたい！」を子どもが実現する方法. 金子書房.

Thorndike, E. L. (1898). Animal intelligence: An experimental study of the associative processes in animals. *The Psychological Review: Monograph Supplements*, 2(4), i-109.

Zimmerman, B. J. (1989). A social cognitive view of self-regulated academic learning. *Journal of Educational Psychology*, 81 (3), 329-339.

執筆者一覧（原稿順） ※所属は初版時のもの（2022年3月）

河村　茂雄（かわむら・しげお）　　早稲田大学教育・総合科学学術院教授
　　執筆　pp.2-4，8，10-20，23-32，34-61，66-71，104-105，134-137

後藤　里英（ごとう・りえ）　　早稲田大学大学院教育学研究科博士後期課程在籍
　　執筆　pp.21-22，130-131

森　　俊博（もり・としひろ）　　山口学芸大学教育学部教育学科専任講師
　　執筆　pp.62-63

井芹　まい（いせり・まい）　　小田原短期大学保育学科専任講師
　　執筆　pp.64-65

森永　秀典（もりなが・ひでのり）　　金沢星稜大学人間科学部准教授（令和4年度より）
　　執筆　pp.72-73，78-81

藤原　寿幸（ふじわら・としゆき）　　横浜国立大学大学院教育学研究科高度教職実践専攻准教授
　　執筆　pp.74-75，92-93

深沢　和彦（ふかさわ・かずひこ）　　東京福祉大学大学院准教授
　　執筆　pp.76-77，84-85，90-91，96-97，102-103，114-119

井口　武俊（いぐち・たけとし）　　共立女子大学家政学部児童学科助教
　　執筆　pp.82-83，98-99

熊谷圭二郎（くまがい・けいじろう）　　神奈川県立保健福祉大学保健福祉学科准教授
　　執筆　pp.86-89，120-123

齊藤　　勝（さいとう・まさる）　　帝京平成大学人文社会学部児童学科専任講師
　　執筆　pp.94-95，100-101

河村　明和（かわむら・あきかず）　　東京福祉大学保育児童学部保育児童学科専任講師
　　執筆　pp.106-113，138-143

髙橋　　幾（たかはし・いく）　　早稲田大学教育・総合科学学術院非常勤講師（令和4年度より）
　　執筆　pp.124-129

伊佐　貢一（いさ・こういち）　　早稲田大学教育・総合科学学術院客員教授
　　執筆　pp.144-149

瀧　　光彦（たき・みつひこ）　　早稲田大学大学院教育学研究科博士後期課程在籍
　　執筆　pp.150-151

河村　昭博（かわむら・あきひろ）　　早稲田大学非常勤講師
　　執筆　pp.152-153

本田　　真（ほんだ・しん）　　東海学院大学人間関係学部子ども発達学科専任講師
　　執筆　pp.154-155

飯沼　俊雄（いいぬま・としお）　　早稲田大学大学院教育学研究科博士後期課程在籍
　　執筆　pp.156-157

編者紹介

河村　茂雄　かわむら・しげお

　早稲田大学教育・総合科学学術院教授。筑波大学大学院教育研究科カウンセリング専攻修了。博士（心理学）。公立学校教諭・教育相談員を経験し，岩手大学助教授，都留文科大学大学院教授を経て現職。日本学級経営心理学会理事長，日本教育カウンセリング学会理事長，日本教育心理学会理事，日本教育カウンセラー協会岩手県支部長。

　［おもな著書］『教師のためのソーシャル・スキル』『アクティブラーニングを成功させる学級づくり』（以上，誠信書房），『日本の学級集団と学級経営』『学級集団づくりのゼロ段階』『学級崩壊予防・回復マニュアル』（以上，図書文化），『教師のための失敗しない保護者対応の鉄則』（学陽書房）ほか多数。

開かれた協働と
学びが加速する教室

2022年5月30日　初版第1刷発行 ［検印省略］

編著者　　河村茂雄
発行人　　則岡秀卓
発行所　　株式会社　図書文化社
　　　　　112-0012　東京都文京区大塚1-4-15
　　　　　Tel: 03-3943-2511　Fax: 03-3943-2519
　　　　　http://www.toshobunka.co.jp/
装　幀　　中濱　健治
イラスト　株式会社　明昌堂　角田祐吾
印　刷　　株式会社　厚徳社
製　本　　株式会社　村上製本所

©KAWAMURA Shigeo, 2022　Printed in Japan
ISBN 978-4-8100-2764-8　C3037